JN441228

남은 날들의 갈무리

남은 날들의 갈무리

김창수 수필집

수필과비평사

■ 작가의 말

세월이 흐른다는 것은 단순한 시간의 이동이 아니라, 흩어져 있던 삶의 조각들이 천천히 제 자리를 찾아가는 과정인지도 모릅니다. 젊은 날에는 미처 보지 못했던 일상의 빛과 그림자들이 나이가 들수록 선명하게 떠오르고, 작게 스친 일조차 어느새 마음속에서 또 하나의 의미로 남습니다.

나는 특별한 인생을 산 사람이 아닙니다. 다만 주어진 자리에서 최선을 다해 살아보려고 애썼습니다. 때로는 넘어지고, 때로는 돌아보고, 또 때로는 깊이 숨을 고르며 여기까지 왔을 뿐입니다. 하지만 문득 뒤돌아보니, 그 '평범함' 속에야말로 내가 놓치고 지나온 이야기들이 참 많았습니다. 이 책은 어쩌면 그 놓친 것들을 다시 주워 담는 조용한 갈무리의 기록입니다.

고향의 냄새, 부모와 스승, 어린 날의 뒷산과 들판, 젊은 날 겪은 사회의 풍경들, 그리고 지금 곁에 있는 아내와 자식들, 손주들의 환한 얼굴까지…. 모두가 흘러가는 시간 속에서도 끝내 사라지지 않고 남아 있던 흔적들이었습니다.

살아오며 받은 사랑과 은혜, 마음속 깊은 곳에 남아 있던 빛 같은 감정들, 한때는 미처 풀지 못했던 응어리들까지 이제는 담담하게 바라볼 용기가 생겼습니다. 그래서 글을 쓰기 시작했습니다. 누구에게 보여주기 위한 글이 아니라 먼저 나 자신을 위해, 이제는 남은 날들을 조금 더 고요하고 단정하게 살기 위한 글이었습니다. 쓰기 시작한 한 편 한 편은 내 안의 서랍을 하나씩 열어 정리하는 일과 같았습니다.

시간이 덮어 둔 상자에서 오래된 기억이 불쑥 튀어나오기도 했고, 어린 시절 내 음성처럼 맑은 한 장면이 가을 햇살처럼 가만히 마음을 비추기도 했습니다. 그렇게 모인 이 마흔 편의 글은 내 삶을 구성했던 작은 조각들이자, 또 앞으로 남은 시간을 어떻게 살아갈지 내게 되묻는 일종의 이정표가 되었습니다.

끝으로, 나를 늘 지켜봐 준 가족에게 이 글을 바칩니다. 아내의 건강이 흔들릴 때마다 마음이 무너졌지만, 그마저도 우리 삶의 한 조각으로 품고 살아갑니다. 멀리서도 늘 마음으로 응원해주는 자식들, 세상에 와서 우리의 다음 세대를 열어준 손주들, 그들이 있어 남은 날을 더 고맙게 맞이합니다.

이제 나는 느리고 단정한 마음으로 앞으로의 날들을 살아가려 합니다.

한 해의 마지막 햇살처럼, 크지 않은 빛일지라도 따뜻하게 퍼져나가기를 바라며 이 글을 세상에 내어놓습니다.

남은 날들의 갈무리.
그 조용한 여정의 시작에, 이 책을 놓습니다.

2025년 늦가을,
김창수

|차례|

2. 삶의 결과 사람들

3. 사랑, 가족, 그리고 오늘

4. 생각의 골방에서

1. 흔적과 귀향

생멸의 끊임없는 순환이 삼라만상의 이치라지만, 그들의 한 생애가 저물어 가는 인생처럼 덧없기는 마찬가지다.

— 〈수정사의 갈바람〉 중에서

흔적을 찾아서

떠나온 지가 얼마나 되었을까? 손가락으로 세어보려다 그만두었다. 수십 년의 시간이 흘러 가버린 뒤에는 숫자도 의미를 잃는다. 하지만 마음 한구석에는 늘 고향의 바람 냄새가 떠돌았다. 봄빛이 자글거리는 4월 어느 날, 모래알 같은 내 성장의 찌꺼기들이 켜켜이 쌓인 그곳을 찾아 나섰다.

세월은 풍경을 바꾸었지만, 내 마음의 지도 위에서 여전히 그 길이 이어지고 있었다. 비봉산은 먼발치에 초등학교를 거느리고, 뒤편에는 수정사를 품었다. 산 정상에서 아래를 굽어본다. 비봉 연봉에서 발원한 개울이 동네 한가운데를 가르며 포근히 감싸 흐른다. 그곳이 본동이다. 남쪽과 북쪽에서 장못과 덕골못이 서로 장군 멍군하면서 큰 얼굴을 내민다. 서쪽 저 멀리 아득한 곳에서 다만재가 손짓을 한다. 아늑하고 평화로운 모습이 두보의 '강촌'을 불러내기에 부족함이 없다.

장못둑 길을 따라 초입 못안마을로 들어섰다. 오래전 기억이 되살아난다. ≪나이팅게일≫을 읽고 백의의 천사의 꿈을 이루고는 떠난 그녀의 집이 못가에 있다. 그 앞에 우두커니 섰다. 부드러운 바람 한 줄기가 뺨을 어루만지더니 수면을 스쳐 지나간다. 단발머리 청초한 소녀가 윤슬로 다가온다. 동네에 하나뿐인 이발소가 있던 자리가 시야에 들어온다. 가을 들판에서 이삭 줍는 여인들 모습이 벽면 한쪽을 장식하고 있었다. 그 옆에 파리똥이 까맣게 앉은 사진각구 하나가 눈길을 끌었다.

"삶이 그대를 속일지라도, 슬퍼하거나 노하지 말라 - 푸시킨." 이라는 글 때문이었다.

못안마을을 거쳐 본동으로 들어간다. 그 길목에 상엿집이 턱 버티고 섰다. 아이들은 대낮에도 혼자 그곳을 지나기를 꺼렸다. 한때 그 집에는 죽은 귀신과 산 귀신이 동거하고 있었다. 신출귀몰의 젊고 날랜 양상군자는 밤에만 '일터'로 나갔다. 사람들은 불안에 떨었다. 경찰이 눈에 불을 켰지만, 그놈의 정체는 오리무중이었다. 그러던 어느 날, 장례를 치르기 위해 상엿집을 열었다. 그의 은밀한 흔적이 포착됐고, 경찰은 그 꼬리를 놓치지 않았다. 어린 시절. 뒤편은 덕골못의 물귀신, 앞쪽은 상엿집의 땅 귀신으로 포위되어 있었다.

유년 시절을 보냈던 본동의 고샅이다. 움푹 팬 곳마다 가난이 빗물처럼 흥건했던 그 길이다. 눈을 쏘는 아린 냄새가 흐른다. 내 고향 냄새, 바로 마늘 냄새다. 그 냄새 따라 까까머리 소년이 달려 나온다. 비봉 연봉이 급하게 내려오다가 완만하게 꺾이는 곳에 덕골못이 있고, 그 못 옆으로 길게 늘어진 산등성이가 '진더'였다. 그곳은 연날리기, 제기차기 등 내 놀이터였다. 친구들과 놀다가 흰 꼬리를 달고 날아가는 비행기를 보는 순간 땅바닥에 바짝 엎드리곤 했다. 6·25 때 '인민군' 폭격을 당한 어른들로부터 얻은 학습효과 때문이었다.

본동에는 비봉산 정기를 받아 전설이 된 한 사람이 있었다. 입에 풀칠하기도 힘든 시절에 행정고시를 통과한 G형이다. 아이들에겐 선망의 대상이었고, 우상이었다. 고교 시절 그는 '선생보다 공부 더 잘하는 학생'으로 회자되었다. 청출어람은 그를 두고 한 말이 분명했다. 나는 아주 작은 꿈조차 이루지 못하고서 아들에게 전설이 되기를 바랐는지도 모른다.

비봉산으로 가려면 덕골못을 거쳐야 한다. 그 못은 가파르게 깊어서 익사 사고가 가끔 일어났다. '옥조'라는 처녀가 뛰어들었다가 주검으로 떠올랐다고 했다. 그 후로 그녀는 아예 '옥조귀신'으로 불리었다. 어느 해 여름, 안타깝게도 이웃집 어린 사촌 자매도…. 그 못엔 축축한 산발 유령이 어른거렸고, 늘 음산한 기운이 돌았다. 내가 태어나기 전까지만 해도 역병이 자주 창궐했다고 한다. 그것이 마을을 한바탕 휩쓸 때는 어린 생명의 희생이 컸다. 꺾인 꽃봉오리들은 못가에 묻혔다. 그래서 못 주변 밭 둔덕에 이름 모를 아기 무덤이 군데군데 있었다. 뭐니 뭐니 해도 그 일대에서 무섭기로는 옥조귀신이 단연 으뜸이었다. 개가 혀 빼물고 헐떡거리는 염천에는 유령이 배회하는 그곳에라도 뛰어들어야 했다. 마치 누 떼가 악어 밥이 된다는 것을 알면서도 강을 건너듯이. 한겨울 모진 바람이 채찍처럼 뺨을 때려도 얼음지치기로 해지는 줄 몰랐다.

비봉산의 웅장한 기상이 소년에게 호연지기를 길러주었다. 산록이 진달래 연분홍 치마로 갈아입을 때면 산꼭대기까지 치달았다. 소 먹이러 간 소년은 비석치기 놀이에 정신이 없었고, 소는 남의 콩밭에서 놀기 일쑤였다. 뒤편의 수정사는 가을 소풍 장소로 적격이었다. 시월 상달 흰옷이 산에 어른거리면 시제 떡 얻으러 갔다. 엄동설한에 아궁이를 굶기지 않으려고 땔감 구하러 산에 오를 때는 추운 줄도 몰랐다. 이렇듯 내 발육의 흔적들이 곳곳에 널려 있다.

세 번째 연봉 끝자락 밭에 아버지가 영면하고 있다. 생전에 아버지는 그 밭두렁에 약초나무를 심었다. 약초를 팔아서 내 공납금 대주마고 했다. 하지만 그 나무가 성목이 되기 전에 아버지는 먼 길을 떠났다. 아버지의 묏자리가 그 나무 역할을 대신했다는 생각이 들곤 했다. 몇몇 사람들이 그 밭뙈기를 사고 싶다고 중간에 사람을 넣기도 했으나, 그땐 그 이유를 몰랐다. 주위에 산이 병풍처럼 둘러 있고, 앞쪽에는 맑은 물이 흐른다. 풍수지리상 보기 드문 명당이란다. 오늘따라 아버지 누운 자리가 더없이 고즈넉해 보인다. 바람이 솔잎 사이를 지나며 낮은 소리를 낸다. 아버지의 숨결인 듯 느껴졌다. 이곳에는 시간의 흐름이 멈춘 듯했고, 세상의 소음이 닿지 않았다. 잠시 아버지와 함께 있었다.

비봉산 첫 번째 연봉 끝자락에 '다만재'라는 나지막한 고개가 있다. 그 산 아래 사는 사람들의 관념 속에 그 재를 넘는다는 것은 삶의 전환과 확장성을 내포하고 있었다. 품은 꿈도, 애환도, 신천지도 그 너머에 있었다. 십 리 거리에 오일장과 중학교가 터를 잡았다. 아버지가 송아지 팔러 갈 때도 거기를 지나야 했다. 산 아래 사람들이 대처로 나가기 위해서는 넘어야 했던 곳이다. 일점혈육을 남겨두고 한 청상과부가 고적하게 그 고개를 넘었다. 어머니가 병들어 가정이 해체되면서 어느 3남매가 대구의 한 보육원으로 갈 때도 그 길을 거쳤다.

중학교에도 걸어서 그 고개를 넘나들었다. 어릴 적 봄은 보릿고개를 넘어야 하는 삶의 현장이었다. 봄날은 허기였다. 다행히

가을철 학교 길엔 무밭이 있었다. 한 인자하신 농심께서 세워놓으신 구황 대책의 혜택을 맘껏 누렸다. 가을은 포만이었다. 누구를 기다릴 때 나는 망연히 그쪽을 바라보곤 했다. 그곳에는 아지랑이가 아물거렸고, 안개 낀 것처럼 아득했다. 그래서 내게는 늘 몽환적으로 다가왔다. 그 길은 이제 기억 저편으로 사라졌다. 이를 데 없는 적막강산이다. 꼬부랑 논을 경지 정리하면서 들판 가운데로 생긴 신작로에 사람들을 내주었기 때문이다.

수십 년 만에 흔적 찾아 나선 발걸음이 결코 가볍진 않았다. 아버지 산소 벌초를 손수 한 번 못했다. 늘 돈으로 대신했다. 묵묵히 내려다보고만 계시는 아버지를 떠나 다만재를 넘자니 몸보다 마음이 더 무겁다. 흔적을 뿌리던 소년은 초로의 언덕에서 긴 호흡을 가다듬는다. 비봉산 제일봉第一峯에 한세월 누벼진 내 옷 걸어 놓고, 땀이라도 말려야겠다. 맨손으로 거친 길을 헤치면서 치열하게 살아온 날들. 이제는 아련한 그리움 되어 석양에 서서히 물들어 간다.

돌아오는 길, 문득 생각났다. 사람은 누구나 흔적을 남기며 살아간다. 누군가의 기억 속에, 낡은 사진 속에, 혹은 한 줄의 글 속에서라도. 그 흔적이 그늘이 아니라 햇살 한 조각이길 바란다.

오늘 나는, 사라져가는 시간 속에서 나를 다시 만났다.

그것으로 충분하다.

수정사의 갈바람

가을에 수정사를 더 찾는다. 들꽃 한 송이에도 무상함이 묻어나고, 낙엽 한 장에도 생멸의 이치가 깃들어 있기 때문이다. 세속의 소음에서 벗어나 사색의 샘가에 앉고 싶을 때, 나는 늘 그 절집으로 간다. 앞뜰에 금성산을 들여앉힌 듯한 그 절은 내 마음의 뜨락에 깊숙이 자리하고 있다.

산운리를 거쳐 들어가는 외길뿐이다. 그 마을은 학록정사와 전통가옥, 생태 공원 등으로 뭇 사람의 발길을 끈다. 금성산을 바라보며 옥계천을 거슬러 올라가면 막다른 곳에 비봉산을 등지고 아늑히 들어앉은 절이 하나 있다. 수정사水淨寺다.

어릴 때는 수정사로, 좀 더 자라서는 금성산으로 가을 소풍을 갔다. 그곳의 바람이 아직도 내 옷깃에 배어있다. 초등학교 6학년 때 불국사로 수학여행을 다녀오기 전까지는 세상에 절이라곤 수정사밖에 없는 줄 알았다. 불자도 아닌 내가, 밥벌이에 지치고 마음이 거칠어질 때마다 그 절을 찾곤 했다. 금성산에 올라 심호흡 크게 한 번 하고, '수정水淨'이란 맑은 물 한 잔 들이켜고 내려올 때면 가슴 밑바닥까지 확 트이고 마음이 씻은 듯했다.

겨울방학이면 절 뒷산까지 나무하러 다녔다. 가까운 산들은 벌거숭이였고, 마치 유목민이 목초지를 찾아 떠돌 듯 땔감을 찾아다니다 보면 절 경내까지 들어가곤 했다. 소나무삭정이, 싸리나무 같은 화력이 좋은 땔감이 널려 있었다. 부목이 부처의 신통력을 지녔는지 바스락거림에도 나가라고 소리를 질렀다. 그래도 초부는 아랑곳하지 않고 콧노래를 부르며 땔감을 주웠다. 설령 축지법을 쓰는 준족이라 해도 험산을 뛰어넘으며 잡으러 오긴 어렵겠다는 계산이 깔려 있었다. 그렇게 꾸역꾸역 나무 한 짐을 지고 내려오곤 했다.

수정사의 내력을 다시 더듬어본다. 신라 신문왕(681~691) 때 의상대사가 창건하였고, 1835년(헌종 1년) 대광전만 남기고, 전소된 뒤 옛터 약간 위쪽에 중창하였다. 그 후 여러 차례 중수과정을 거쳐 2001년 요사를 새로 지으며 오늘에 이르렀다. 대광전, 월영루, 격외선원, 사명영당 등이 있으며, 조계종 제16교구 고운사의 말사로 문화재인 5층 석탑과 산중탱화를 품고 있다.

고졸한 사찰이다. 불법의 청량수로 번뇌를 씻고 일주문을 거쳐 들어가야 마땅하건만, 수정사엔 일주문도 없다. 악귀의 범접을 막고 잡념을 물리치는 천왕문도 없다. 본전에 이르는 마지막 문인 불이문조차도 없다. 하지만 어쩌면 그 부재가 곧 충만이 아닐까. 문이 없다는 건 막힘이 없다는 뜻이다. 형식이 비워진 자리에 진심이 들어앉는다. 부처는 멀리 있지 않고 내 안에 깃든다. 절집에 3문이 없다는 것은, 구차한 형식과 절차에 매이지 않고 부처님 앞에 절하고 싶은 이는 누구나 와도 좋다는 뜻일 것이다. 평등함이 곧 진리이니, 여기가 바로 불국佛國 아닐까.

대광전에 오르는 돌계단은 예나 지금이나 그대로다. 세월에 풍화된 듯 대광전은 남루하고 수척해 보이나, 단청만은 새 옷을 갈아입고 고색창연하다. 대광전 오른편에 서 있는 5층 석탑은 푸른 바위옷을 입은 내관처럼 단아하다. 석가모니불을 모시면서도 대웅전이라 하지 않고 대광전이라 부르는 이유가 궁금하다. 그럴 수도 있겠거니 하면서도 고개가 갸웃해진다. 부처님의 심오한 뜻을 중생이 다 헤아리기란 힘에 부친다.

철부지 시절 절 뒷산에 무단으로 드나들던 업보 탓인지, 법당 앞을 서성일 때마다 괜스레 부끄럽다. 다람쥐 한 마리가 앞발을 비비며 아는 체를 한다. 저 녀석이 전생의 나였을지도 모른다는 엉뚱한 생각이 든다. "고통을 일으키는 원인은 욕구이다." 부처의 가르침을 떠올리며, 욕심을 버린 탓일까. 법당을 가득 채웠던 염불 소리가 사라지고, 댓돌 위에 고무신 한 짝조차도 보이지 않는다. 한때 고해 중생들의 마음의 안식처로 북적이던 절집이 이제는 적막하다. 하늘이 처음 열릴 때도 이랬을까. 짊어진 이승의 업은 많은데, 말 들어 줄 스님은 보이지 않는다. 일찍이 사명대사가 머물렀던 곳인데, 황량한 갈바람에 풍경소리만 외롭다.

한때 '공부 좀 한다.'라는 이들이 이 절에 들어갔다. 내 은사도 K대 법대를 나와 큰 뜻을 품고 가부좌를 튼 적이 있었다. 죽마고우의 어머니는 불전에 자주 공양을 올렸고, 그 친구는 절밥을 먹으며 재수 끝에 S대에 합격했다. 은근히 나도 그 절밥을 먹어봤으면 하는 생각이 들던 때가 있었다.

어머니는 절에 간 적이 없었다. 대신 밥 짓고 김을 매는 손끝에서 기도가 피어올랐다. 그분의 신앙은 절보다 깊고, 경전보다 따뜻했다. 절집을 떠돌던 아득한 기억 하나 떠오른다. 어느 날 어머니는

"니는 자갈밭에 던져놔도 살아남을 끼다."

절에 갈 일이 없었던 게, 어쩌면 그 때문이었을까. 부처님이 실소를 금치 못한 채 돌아앉을까 봐 얼굴이 화끈거린다. 백악기에 형성된 최초의 화산, 금성산을 바라보며 부처님도 잠시 상념에 잠기신 듯하다.

산사에 산 그늘이 성큼 내려앉는다. 한 줄기 바람이 골짜기를 훑고 지나간다. 갈참나무 잎이 버스럭거리며 쓸린다. 마치 풍장으로 다비식을 치르는 듯하다. 내 마음속 번뇌도 함께 부서져 흩어진다. 절집 뒷산의 신록의 풋내가 자욱하던 때도 있었는데, 계절에 실려 지나온 세월이 찰나 같다. 생멸의 끊임없는 순환이 삼라만상의 이치라지만, 그들의 한 생애가 저물어 가는 인생처럼 덧없기는 마찬가지다.

바람은 모든 것을 쓸어가지만, 그 자리에 또 새싹이 돋는다. 비었던 곳에 채움이 들어앉는 것, 그것이 생의 질서다. 수정사의 갈바람도 나의 번뇌를 쓸고 간다.

오늘 또 그 절집에 인생 소풍 다녀왔다.

꽁지 감춘 고향까마귀

"눈먼 놈이 앞장선다."라는 경구를 늘 마음에 새기고 있다. 그 말처럼 나도 앞을 내다보지 못한 채 살아온 적이 많았다. 그런 내가 단체 일에 소매 걷고 나서도록 내 등을 떠밀곤 했던 친구, L. 든든한 벗바리였다. 오랫동안 마음을 열고 함께하는 친구는 참 드문 것 같다. 제가끔 사정이야 있겠지만, 신의를 저버리는 예를 더러 봐 왔다.

갑작스러운 그의 부음에 칼바람 한줄기 가슴을 훑고 지나간다. 장례식장으로 가는 서울행 열차의 차창 밖으로 어릴 적 그와 나의 잔영이 흘러간다. 덕곡지의 물빛 위로 비봉산 그림자가 흔들릴 때마다, 유년의 웃음소리가 들려오는 듯하다. 해발 700m에 이르는 그 산을 뒷동산처럼 들락거렸고, 아이들이 몇이나 익사한 그 연못을 앞마당 삼아 놀았다. 개구쟁이 그때는 빨리 어른이 되기를 바랐다.

그를 떠올리면 어느새 동심으로 돌아간다. 초등학교 시절부터는 더 가까워졌고, 이상하리만치 우리는 늘 같은 반이었다. 선생님이 안 계시는 틈새엔 교실 질서를 바로잡고, 정리 정돈을 책임지던 나를 많이 도와줘서 한층 수월했다. 그렇게 지내던 그가 중학교 입학하자 곧장 서울로 전학 갔다. 마음 한구석이 휘영했다. 일찍이 서울에서 자리를 잡고 있던 그의 형이 데리고 간 것이다. 그것으로 우리의 청소년기는 단절되었다. 이제 서산마루에 걸터앉은 석양이 되고 보니 지나간 봄날의 행복했던 날들이 그리워진다.

1970년대가 저물어 갈 무렵, 대전에서 병장 달고 제대 말년을 보내고 있었다. 자유로운 병영 생활이었지만, 용돈이 궁하던 때였다. 그해 크리스마스 연휴에 친구의 연락을 받고 서울로 내달렸다. 오랜만에 등심구이에 소주 한잔 걸치고 밤거리를 즐기러 나섰다. 어디론가 한 바퀴 돌아보긴 한 것 같은데 어느새 또 술잔 앞에 앉아 있었다. 비몽사몽 속에서 헤매다 아침에 눈을 떠보니 대궐 같은 그의 집이었다. '촌놈이 크게 성공한 것이 맞구나!' 그렇게 내게 항상 뭔가를 해주고 싶어 했다. 시간 나면 서울 한 번 오라는 말을 입에 달고 있었다. 그것이 인사치레만은 아니었다.

각자가 가정을 꾸린 뒤에도 그가 대구 쪽으로 오면 꼭 나를 찾았다. 특별한 일이 있는 것이 아니었다. 소주잔에 옛 얘기를 담아 회포를 푸는 정도였다. 한 번은 2차까지 마시고 거나한 채로 우리 집 거실에 둘이 나란히 누웠다. 그는 술에 취하면 쉬 잠을 이루지 못하고 깰 때까지 끊임없이 말을 하는 습관이 있었다. 갑자기 벌떡 일어나더니 같은 또래인 사촌 여동생 집에 가자고 해서 수성유원지 근처로 이동, 그의 매제와 셋이서 또 한 잔 더했다. 아마도 술의 질은 그늘에서 벗어나지를 못하는 것 같았다.

초등학생은 처음엔 손가락으로 숫자 세기와 가나다라를 먼저 배운다. 사업의 영역도 별반 다르진 않을 것이다. 밑바닥부터 찬찬히 다져 올라간 사업가가 성공 가도를 달리는 예를 많이 봤다. 그 친구도 공고를 졸업하고 일찌감치 생활전선에 뛰어들어 허리를 굽히는 법부터 배우면서 장사꾼이 되어 갔다. 형의 사업 수완을 배운 뒤 어느새 형보다 나은 아우가 되었다. 세운상가에서 처음 사업을 시작한 내공을 바탕으로 여기저기 투자해서 큰돈을 벌었다. 그렇게 돈의 흐름을 일찌감치 터득한 모양이었다. 물질이 전부는 아니지만, 배고프던 시절에 '서울 가서 성공'한 사례에 들었다.

서울에서 그를 찾는 이가 많았다. '고향까마귀'들이었다. 까마귀는 앵무새, 돌고래, 침팬지처럼 영리한 동물로 알려져 있다. 까마귀 새끼가 자라서는 은혜를 갚기 위해 늙은 어미에게 먹이를 구해다 바친다고 한다. 그래서 은혜를 이야기할 때 까마귀를 내세우는가 싶다. 그뿐만 아니라 속담과 설화에도 등장할 만큼 우리와 친숙하다. 그래서 낯선 곳에서 만나는 반가운 고향 사람을 '고향까마귀'에 곧장 비유한다. 그 말속에는 그리움과 정겨움이 있고, 고향의 향수가 배어있다.

호방한 성격에다 오지랖이 넓었고, 손에 든 것을 움켜쥐고 있지만 않았다. '고향까마귀'들이 날아들 때마다 밥도 사고, 술 접대도 하면서 마음을 나누었다. 어떨 때는 대학 과제물 재료까지 구해주곤 했다. 좋은 소릴 들으려고 한 것은 아니고, 그저 '고향'이라는 동질감 때문에 한 일이었다. 한 번은 술김에 나를 툭 치며 몇몇 까마귀에 대해 서운함을 드러냈다. 빚 갚으라고 할 것도 아닌데 졸업하거나 취업해서 자리 잡고부터는 발길을 뚝 끊더라는 것이다. 일찍 고향을 떠나서인지 어릴 적 추억을 담은 술잔에서 가끔은 애환이 묻어나기도 했다. 우정이란 처음부터 배신을 잉태하고 있는지도 모를 일이다.

인생의 계절은 바스러지듯이 빠르게 흘렀다. 서로의 자녀들도 다 성장했고, 나는 일터에서 빡빡하던 족쇄가 어느 정도 느슨해질 무렵이었다. 여름 휴가철, 홍천에서 가족끼리 한 번 보기로 했던 약속을 지키지 못한 채 그는 갑자기 쓰러졌다. 사람을 잘 알아보지 못할 지경이었다. 서울의 유명하다는 병원으로 옮겼으나 손도 써 보지 못한 채 석 달 만에 눈을 감았다. 머리에 흰 서리가 내리기도 전이었다.

그의 세월을 갉아먹은 것은 음주 습관과 무관하지 않은 것으로 밝혀졌다. 치열한 삶의 전투에서 살아남기 위해서는 관계가 중요했고, 그 매개가 술이었다. 밀밭만 지나가도 취하던 내가 한두 잔 마시다 보니 그 관성에 젖어서 주량이 점점 많아지는 것을 경험했다. 적당한 음주는 고달픈 하루를 위로받고 대인관계의 활력소가 되는 등 긍정적인 영향을 미친다. 하지만 절제가 잘 안 된 나머지 과음으로 건강을 해치는 경우를 많이 목격했다. 아마 그도 그랬을 것이다.

망연히 영정 앞에 선다. 삶은 찰나이고, 숨 쉬고 있는 매 순간이 축복이고 기적임을 새삼 느낀다. 촛대 앞에 조용히 무릎을 꿇는다. 열명길을 배웅하는 향을 피우고 술 한 잔을 올리며 묵상에 잠긴다.

100일간의 고통을 말해주듯 연기가 온몸을 비틀며
영정을 향해 오른다.
정작 그의 모습은 이승의 짐을 다 내려놓은 듯
평온해 보인다.

시선은 급히 가야 할 곳이 있는 것처럼
세상 저 너머에 가 있다.
쉰을 갓 넘기고 북망산으로 가는 이에게 요령 잡은
소리꾼은 마땅히 비통하고 구슬픈 만가를 불러야 할 것이다.
상여가 나가는 길 또한 비탈길이 아니고, 가시밭길도 아니고,
개울도 없고, 좁은 논둑길도 아닌 평탄한 길이어야 할 것이다.
그 길 끝에는 은은하고 고요한 만가가 흐르는
'좌청룡 우백호'가 수호하는 곳이기를, 간절히 비손한다.
먼저 가고 늦게 가는 시차가 있을 뿐 강물이 바다에 모이듯
인생도 흘러서 가면 언젠가 한 곳에서 만나지 않을까.
허허 친구야, 우리 그때 멋진 건배사 한 마디 읊어보자 꾸나.

친구의 마지막 길에 함께한다는 것은 우정의 시금석이 될 수도 있지 않을까. 청춘을 구가했지만, 준령처럼 넘기 힘들었던 보릿고개 시절. 생전의 그에게 빈대 붙던 '고향까마귀'들은 다 어디로 갔을까. 깃털조차 보여주지 않았다. "빈대도 낯짝이 있다."라는 말은 빈말이었다.

그를 떠나보내며 나는 문득 내 안의 까마귀 한 마리를 본다. 은혜를 갚는 일에 인색하지 않았는지, 친구의 마음을 헤아리는 데 게으르지 않았는지 묻는다.

난 오늘도 까마귀의 영리함과 은혜 그리고 우정 사이에서 서성인다.

북풍과 남지

설 연휴를 맞아 곳곳이 귀성 차량으로 북적거린다. 북쪽에서 온 호마胡馬는 북풍 쪽을 바라보고, 남쪽에서 온 월조越鳥는 남쪽으로 뻗은 가지에 앉는다고 한다. 고향을 그리워하는 마음은 동물이나 사람이나 다르지 않다. 설을 맞는 마음에 허기 같은 공허감이 스며든다.

1970년대 초엽이었다. 학교에서 돌아오니 아버지는 이미 이승에 계시지 않았다. 운명의 강을 건너기 전, 다급하게 나를 찾았다고 했다. 내 손을 꼭 잡고 단단히 일러둘 말이 있었을까. 7월의 장맛비는 당신의 마지막 눈물이었는지도 모른다. 유택에 입주하기까지 닷새 동안이나 내렸다. 그런데도 유택엔 빗물 한 점 스며들지 않았다. 뽀송뽀송한 흙 그대로였다.

그 시절엔 대부분이 자택에서 생을 마감했다. 진통제 처방조차 쉽지 않던 때였다. 나는 아버지께 진통제였을까. 숨 막히는 고통의 순간마다 내 이름을 불렀다. 철없는 아이는 그 부름에 귀를 닫기도 했다. 가녀린 숨소리로 천장만 바라보던 아버지. 생에 대한 집착과 체념을 오가며 지난 세월을 곱씹었으리라. 문득 한줄기 날파람이 가슴 깊은 곳을 할퀴고 지나간다.

아버지 세대까지는 가난을 숙명처럼 걸치고 보릿고개를 넘어야 했다. 힘들지 않은 삶이 어디 있었으랴만, 아버지는 신병으로 더욱 신산했다. 당신의 약심부름은 내 몫이었다. '광제약국', 면 소재지에 하나뿐인 약국이었다. 약사는 늘 따뜻하게 맞아주었다. 그의 아들과 같은 학교에 다녔기에 나를 잘 알고 있었다. '게루삼'이라는 물약을 자주 복용했다. 그 약병 주둥이에는 설탕 같은 것이 덕지덕지 엉겨 붙어 입구가 날마다 좁아졌다. 그곳이 막힌 것인지, 약이 다한 것인지 분간하기 어려울 때도 있었다.

그해 여름은 유난히 길었지만, 아버지의 생은 너무 짧았다. 쉰두 번째 봄이 당신의 마지막 봄이었다. 어린나무는 큰 그늘과 언덕을 잃었다. 이글거리는 태양을 피할 길 없어 피부에 물집이 잡히고, 거센 바람을 직격으로 맞을 때면 정신이 멍해졌다. '성공'을 바라던 뜻을 받들고자 용을 썼지만, 기대에 미치지 못했다. 그러나 어엿한 일가를 이루고 딸린 식솔을 잘 건사하며 사는 것도 의미 있는 삶이리라. 아직도 내가 숨 쉬고 있음은 어쩌면 당신이 누리지 못한 세월을 내 명줄에 얹어주신 덕분이 아닐까. 바람이 맵던 날, 모처럼 아버지 앞에 국궁하고 아뢰었다.

제가 내딛는 발걸음마다 힘을 주시는 아버지, 감사합니다.
좋은 인연 만나 40년 넘게 해로하고 있습니다.
두 아들은 아들·딸 둘씩 두고, 제 앞가림 잘하고 있습니다.
그들의 앞길, 끝까지 지켜주십시오.
어멈은 어머니의 마지막 시중까지 든 며느리입니다.
살펴주십시오.
저도 남은 세월 갈무리 잘하겠습니다.

초등학교 저학년이던 시절, 한 집배원으로부터 노란 편지 봉투 하나를 건네받았다. 아버지께 드리니, 고향으로 오라는 집안의 연통이었다. 늘 북풍을 그리던 아버지였지만, 쉬 결단을 내리지 못하다가 끝내 없던 일로 마무리했다. 내겐 다행이었다. 나는 내가 태어난 곳을 잃을까 봐 조바심이 났던 터였다. 생전에, 지금 누워 있는 자리에서 손가락으로 먼 곳을 가리켰다. 손끝 가물거리는 산 너머에 그리움의 대상이 있었으리라. 향수 때문이었을까. 막걸리 한잔에 취기가 오르면 곧장 뒤란으로 나갔다. 냉수 한 그릇 대령하고 등을 두드려 드리는 건 늘 내 몫이었다. 부자간에 냉수처럼 투명한 소통을 이룰 수 있었던 건 그 때문이었을까.

산업화의 물결 따라 너도나도 도회지로 떠났다. 고향은 텅 비어갔고, 사람들은 도시에 모든 것이 있다고 믿었다. 오백 년 동안 마을을 굽어보던 당산나무도 어쩔 수 없어 뻘쭘하게 서 있었으리라. 군 전역 후 나도 그 썰물에 떠밀려 나왔다. 떠났지만 떠난 것이 아니었다. 아버지의 유택이 있고, 내 탯줄이 결린 비봉산 위의 하늘만이 내 하늘이었기에. 훗날 내 생애의 그림자를 데리고 아버지 발치로 돌아가야 하는데, 살다 보니 그럴 명분이 사라졌다. 떠나올 때 멀미했는데, 이제는 갈 수 없음에 현기증이 난다. 그렇게 상념의 늪에서 가끔 허우적거린다.

시간을 되돌릴 수 없기에, 못다 한 자식의 도리에 한 움큼 회한이 남는다. 세월의 너울이 당신의 체취마저 야금야금 앗아간다. 이 나이 되어 보니 나는 누군가의 아들이 아니라, 누군가의 아비로 살아가고 있다. 희미해져 가는 '아버지'라는 이름은 명치끝에 걸린 아픔이다.

어머니가 누운 자리도 남지南枝가 아니다. 어머니의 일흔다섯 번째 겨울이었다. 아버지가 떠난 뒤 이십여 해를 홀로 지내다, 타향에서 움켜쥔 세월을 놓아버렸다. 가시기 달포 전, "아버지 곁으로 가고 싶다."라는 말을 에둘러 내비쳤다. 나는 그 뜻을 받들 수

없음이 허망했다.

구름에 실려 두 분이 서로 다른 방향으로 흘러간다. 내 기억 속에 깊이 새겨진 애달픈 환영이다. 불쑥불쑥 솟아오르던 상념들은 안개처럼 흩어지고, 마지막 숙원 하나만 남았다. 손 내밀면 닿을 거리에 두 분의 유택을 나란히 모시는 일. 아버지 산소 옆에서 할미새가 알을 품듯, 나는 그 일을 늘 마음속에 품고 다닌다.

종달새의 꾸지람

갈맷빛 보리가 바람에 일렁댄다. 봄을 물고 온 종달새 울음소리 하늘가에 자지러진다. 할미새는 아지랑이 언덕을 넘나들며 파도를 탄다. 아련히 떠오르는 내 유년 시절 고향의 봄 풍경이다.

어릴 때 아름다운 새를 기르고 싶었다. 직접 기를 여건이 못 되어 산야를 누비는 새를 잡아 기르기로 마음먹었다. 손쉽게 잡을 수 있는 녀석이 종달새와 할미새였다. 가둬놓으면 며칠 가지 못하고 죽는 경우가 있었지만, 곁에 두고 싶은 마음은 떨칠 수 없었다.

종달새는 풀밭이나 보리밭에 둥지를 튼다. 알을 부화시킨 다음 새끼가 걸을 때쯤이면 그곳을 떠난다. 사람 손길이 잘 닿지 않는 풀밭에 집을 지으면 다음 해에 다시 쓰기도 한다. 할미새는 땅 위

오목한 곳, 돌 틈새, 덤불 가지 등 주로 야산에 집을 짓고 번식한다.

종달새는 둥지 위 까마득히 높은 곳에 떠서 조잘댄다. 그러다가 둥지로 들어갈 때는 멀리 떨어진 보리밭이랑 끝부분에 내려서, 둥지까지는 몸을 낮춘 채 재빠르게 기어간다. 보금자리를 들키지 않으려는 의도이리라. 제 딴에는 잔꾀를 부리지만, 내 눈은 속이지 못한다. 보리가 너무 풍성한 곳은 둥지 틀 명당이 못 된다. 적의 관심이 집중되기 때문이다. 오히려 성근 쪽을 택한다. 둥지에 앉은 녀석은 흙과 비슷한 보호색을 띠어 몸을 감추는 데 한결 유리하기도 하고, 적의 접근을 한 눈에 볼 수도 있다.

할미새는 의심이 많다. 둥지 주위에 외부자의 침입 흔적이 있거나, 수상쩍다 싶을 때는 곧장 둥지로 들어가지 않는다. 작은 몸집을 이용하여 기어이 옆쪽을 뚫고 들어가는 녀석도 있다. 그래서 올무에 걸리는 것을 보려면 상당한 인내심이 필요하다.

'산전수전 다 겪은 할머니처럼 지혜가 많아 할미새인가.' 객쩍은 생각도 해봤다. 해서 할미새보다는 종달새 잡기에 더 치중했다. 어쩌면 종달새에게는 불운이었다. 보리가 소년의 종아리까지 자라면 놈들을 잡으러 나선다. 이때 소년은 측량기사가 되고, 건축기사가 되어야 한다. 둥지 둘레에 좁은 입구를 하나만 남기고, 나머지 부분은 가는 나뭇가지로 물샐틈없이 촘촘하고 튼튼하게

틀어막는다. 입구에 직사각형의 대문을 설치한다. 다음, 풀 먹인 실로 동그란 올가미를 만들어 가는 막대에 묶고, 다른 한 가닥은 길게 하여 매싸리 끝에 묶는다. 막대는 문설주 기둥에 가로질러 걸고, 매싸리는 반달처럼 팽팽한 현이 되도록 반대편에 꽂으면 작업은 끝난다. 이제 녀석을 기다리기만 하면 된다. 막대를 살짝만 건드려도 매싸리의 탄력에 의해 막대가 튕겨 나가면서 올무가 조이게 된다. 이 정교한 무기를 피해갈 녀석은 없다. 올무에 걸려 퍼드덕 날아오를 때 달려가 올무를 풀어주어야 한다. 너무 늦으면 목 졸려 질식하기에 십상이다. 철없는 놀이에 종달새의 희생이 따랐다.

화창한 봄날, 미풍에 살랑대는 보리밭이 아득한 구름 위를 떠간다. 내 발걸음도 둥둥 떠가는데 낯익은 녀석이 길을 막아선다. 자세히 보니 종달새다. 언젠가 내 삿된 장난에 제명을 다 하지 못하고 간 녀석이 틀림없다. 놈은 날카로운 눈빛으로 나를 노려보며 거칠게 대든다.

"당신 때문에 우리는 대가 끊어졌소."

나는 당황한 나머지 웃으며 받아쳤다.

"사돈 남 나무라듯 하네. 너희도 벌레를 잡아먹잖아?"

녀석이 또 덤빈다.

"우리는 살기 위해서지. 당신은 놀이라며 우리를 죽였잖소."

나는 헛기침을 두어 번 하고,

"그때 나는 철부지였소."

녀석이 눈을 희번덕대며 비꼬는 말이,

"인간이란 종자는 매한가지요."

그 입바른 한마디에 가슴이 서늘해졌다. 아무 말도 하지 못한 채 마른침만 삼켰다. 다음 생에는 반드시 사람으로 태어나기를 참따랗게 빌어주겠다고 했다. 그제야 녀석은 마음을 눙쳐 먹으면서, 조용히 말을 이었다.

"옛날 식인종 추장과 성직자가 언쟁을 벌였소.

성직자가 말했지요. '사람을 해쳐서는 안 된다.' 그러자 추장이 대답했소.

'우린 먹고 살기 위해 꼭 필요한 만큼만 죽인다. 그런데 인간들은 전쟁 때 왜 그리

많은 사람을 죽이는가?' 성직자는 할 말을 잃었답니다."

그 말이 끝나자 바람이 일 듯 종달새는 사라졌다. 소스라치게 눈을 떴다. 말과 말이 부딪쳐 뒤죽박죽이었다. 기어코 상황을 이해할 수 있는 말을 가려내려고 애썼다. 꿈결의 어렴풋한 기억을 더듬어보니 그 대화만은 뚜렷했다.

나는 혼잣말로 중얼거렸다. '그래, 종달이야. 이번엔 네가 한 수 위다.'

그날 이후 봄날의 하늘을 나는 새소리는 유난히 또렷하게 들렸다. 그건 아마 마음속에 아직 날고 있는 종달새의 목소리였을 것이다.

어린 날의 죄스러움이, 늦은 깨달음이 되어 내 속에서 새처럼 울고 있었다.

옥수수 익을 무렵

하늘은 높고, 바람은 맑다. 아기를 들쳐업은 옥수수가 우수에 찬 모습으로 하늘바라기를 하고 있다. 사는 동안 수많은 인연을 마주하며 다양한 감정들이 오갔다. 이맘때면 한때의 일이 눈앞에 아른거린다.

1970년대가 저물녘, 가을이었다. 군 전역 후 첫 발령지로 내려온 고향 인근 읍내에서 밥벌이하던 시절, 꿈을 펼치려는 패기가 가슴속에서 꿈틀대던 때였다. 인생에도 계절이 있다면, 아마 그때가 내겐 푸르고 싱싱한 5월이었으리라. 찬연했다. 하지만 세상 물정 모르는 풋내기였고, 혼자 끼니를 때우며 지내다 주말이면 종종 고향으로 향하곤 했다. 시외버스를 두 번 갈아타고도 오 리를 더 걸어야 하는 길이었다.

중견 간부직에 오르는 게 꿈이었다. 그러나 그 꿈은 조금씩 멀어지고, 현실에 안주하려는 마음이 슬그머니 몸집을 키우고 있었다. 달아나는 꿈에 대한 미련 때문이었을까. 늘 무언가에 갈증을 느꼈다. 그래서인지 버스가 굽잇길에서 방향을 틀 때마다 마음이 덜컹거렸다. 차창 밖만 바라보다 보니 차 안의 사람들과 눈을 마주칠 일은 거의 없었다. 고향 읍내에 도착해 버스가 사람들을 토해내고 있을 때였다. 한 아가씨가 다가와 나직이 속삭였다.

"'초롱다방'에서 기다리세요. 금방 갈게요."

한마디 말조차 나눈 적 없는 여자의 말투에 잡혔다. 줏대 없이 그 다방 창가 자리에 앉아 있었다. 그녀는 화장품 회사 미용 사원이었다. 그 시절엔 외모와 학력, 신체조건을 보고 뽑던 때였다. 그날도 나는 고향 집에 다녀오는 길이었고, 그녀는 회사로 복귀하던 중이었다.

조금 뒤 헐레벌떡 나타난 여자가 다방 안을 두리번거렸다. 옷을 갈아입고 와서인지 처음엔 알아보지 못했다. 조명 빛에 비친 얼굴엔 화장을 고친 흔적이 보였다. 나긋나긋한 말씨, 갸름한 얼굴, 살짝 우물진 볼이 인상적이었다. 그녀는 내게서 허기를 읽었을까. 보따리를 풀어 놓더니 알이 촘촘히 박힌 찐 옥수수와 삶은 고구마를 내밀었다. 환히 웃을 때 드러난 치아가 옥수수알처럼 가지런했다. 앳되면서도 어딘가 지쳐 보였다. 가을을 탄 걸까. 정에 목말랐던 걸까.

이야기는 자연스레 이어졌다. 집안 이야기며 막내라는 둥, 옥수수 껍질 벗기듯 자신을 조금씩 드러냈다. 그 깊은 시선이 내게 닿자 볼은 꽃물 들듯 발그레해졌다. '이 아가씨가….' 나는 마지못해 한마디 건넸다. 비록 내 꿈은 바랬으나, 아주 버린 건 아니라고. 말꼬리를 물더니 그녀는 군대 3년을 기다리는 친구 얘기를 꺼내더니 말끝을 흐렸다. 혹 떼려다 도리어 붙일까 싶어, 나는 말을 삼켰다.

전생의 인연이었을까. 버스 안에서 스친 남자에게 다가온 그녀의 용기도, 묵묵히 기다린 나의 어리석음도 생각해보면 오십보 백보였다. 암튼 나에 관한 관심이 싫지는 않았다. 하지만 나는 왜 그때 그녀의 이야기를 진중히 듣지 않았을까. 진심으로 다가오는 사람을 가볍게 대해서는 안 되었는데. 그땐 청춘을 붙잡고 싶었던, 미숙한 자존심이 더 컸다.

강냉이처럼 톡톡 튀는 성정이라 내겐 맞지 않을 것 같았다. 다가오면 물러서고, 멀어지면 쫓아가고 싶은 게 남녀의 일일까. 마른침 삼키며 안달하면서 자석에 끌리듯 서로 다가서는 상호작용이 있어야 하는 건 아닐까. 지금 생각하면 그냥 '편안한 사람'이면 되었을 텐데. 그땐 사람을 드레질할 줄 몰랐다. 그녀가 마음을 다 열기도 전에 나는 막차 핑계를 대며 일어섰다. 그것이 첫 만남

이자 마지막이었다. 그녀가 정작 하고 싶었던 이야기가 무엇이었을까. 어쩌면 매일 내게 밥상을 차려주고 싶다는 말이 아니었을까. 나는 내 방식대로 그날을 편집해 기억 속 창고에 간직했다.

그다음 해, 내가 먼저 손 내민 한 사람과 가정을 꾸렸다. 짐을 싸서 대구로 나갔다. 그렇게 그녀와의 연은 끝났다. 아내는 내 성미가 대쪽 같다며 가끔 불만을 터뜨린다. '백마 탄 왕자와 산다고 늘 행복하랴.' 그녀는 내게 환상을 품었던 걸까. 길게 이어지지 않은 인연이 오히려 그녀에게는 다행이었는지도 모른다.

기억 속에 방부된 채 40년이 흘렀지만, 그 얼굴은 어제 본 듯 또렷하다. 자존심이 상해 홧김에 시집을 갔을까. 옥수수엔 손 내밀고 연정은 밀어냈던 남자, 배려라곤 눈곱만큼도 없던 사람. 바로 나였다. 나는 나만의 울타리를 치고, 경계선 안으로 누구도 들이지 않았다. 곱게 분 바르고 나왔던 그녀에게 그리 매몰찼어야 했을까. 그녀 마음에 단단한 옹이만 남긴 건 아닐까. 그러나 그 시절의 나는, 흔들리지 않고 나를 지키는 것만으로도 벅찼다.

그때 막차를 타지 않았다면 어땠을까. 막차 시간에 기대어 빠져나온 것은 교만에서 비롯된 자기 합리화였다. 그녀의 모습은 내 안에서 여전히 곱게 그려져 있다. 지금쯤 인생의 반환점을 돌며 눈가에 주름이 늘고 흰머리도 생겼겠지. 스치듯 만난 20대 초반의 인연이지만, 그 미안함이 아직도 마음 한켠에 남아 있다.

또 한 번 가을이 지나간다. "바보, 바보…" 그녀의 목소리가 환청처럼 들린다. 옥수수 치맛자락에 숨겨온 말을 끝내 들어주지 않았다는 원망이리라. 한때 시골 촌뜨기의 치희稚戲였다. 지금도 고향 읍내 어딘가엔 옥수수알이 여전히 영글고 있을 것이다.

너무나 허우룩한

“그리움에는 면역이 없다.”

연둣빛 잎들이 신생의 설렘으로 환호를 지르던 때가 있었던가. 지금, 추수가 끝난 들판처럼 마음 한구석이 휑하다. 명치끝이 아리다. 깊이를 가늠할 수 없는 그리움이 가슴을 파고든다. 그리움에는 면역도 없는 것인가. 끊임없이 밀려왔다 밀려간다. 지난가을, 한 핏줄이 비문에 혈연의 종언을 고한 후 나는 숱한 밤을 뒤척였다.

벨 소리가 새벽잠을 깨운다. 불길한 새벽 공기가 온몸에 달라붙는다. 전화기 너머로 육친의 부음이 들려온다. 한참 동안 멍하니 앉았다가 옷을 주섬주섬 챙겨 입고 장례식장으로 향한다. 마음속으로는 천천히, 천천히 했지만 이른 새벽이라 금세 도착했다. 승강기를 두고 계단에 올라서는데, 눈 앞에 펼쳐질 광경이 공연히 두렵다.

밤늦은 시각, 급하게 차려놓은 제사상만 덩그러니 놓여 있고 상제들은 옆방에서 곤히 잠든 상태였다. 묵직하고 농밀한 공기가 가득한 방 안, 낯익은 얼굴이 미동도 하지 않은 채 홀로 우두커니 나를 맞는다. 오늘따라 얼굴빛은 화장을 덜 한 낮달처럼 창백하다. '이런 걸 두고 황망하다고 하는구나.' 심연에서 밀려오던 한숨이 가슴 밑바닥에서 솟구친다.

사진 옆엔 아직 꽃장식도 하지 못해 처연한 가을바람만 분다. 창밖은 부윰하게 밝아오는데, 내 눈앞엔 칠흑 같은 어둠이 술렁거린다. 방문을 열 수 없어 전화로 조용히 조카를 불러내 경위를 묻는다. 아침나절이 되어서야 다른 피붙이들이 한꺼번에 들이닥친다. '가는 길이 너무 고독했구나.' 혼잣말로 중얼거리며 빈방을 들락거린다. 잠시 후, 내 두 아들이 큰아버지 영전에 바치는 조화가 나란히 자리를 잡는다. 그제야 허하던 마음이 조금씩 메워져 간다.

형님과는 집안의 대소사에 관해 자주 이야기를 나눴다. 형수의 지병이 악화하여 어머니 제사를 모시기 어렵게 되었을 때, 나는 우리 방식대로 해보자고 제안했다. 무늬만 신자인 나와는 달리 아내와 두 아들 내외, 손주들까지 개신교가 모태 신앙이기 때문이다. 큰아들은 어머니 아버지 손잡고 예배드리러 가는 게 꿈이라고 할 정도였다. 하지만 그 일을 완전히 매듭짓지 못한 채 형수가 먼저 세상을 떠났다. 이어서 코로나가 맹위를 떨치던 시기, 우리 사이의 왕래도 뜸해졌다.

그 후 3년. 형님은 형수의 뒤를 따라갔다. 먼 길을 떠날 때 곁엔 아무도 없었다. 가까이에 아들딸과 손주까지 살고 있었지만 24시간 돌보기에는 한계가 있었다. 평소 건강했던 터라 외로움 말고는 크게 걱정하지 않았는데, 그렇게 쫓기듯 떠났다. 심장마비였다. 절해의 고도처럼 고독했으리라. 나와는 다섯 살 터울. 향년 일흔둘. 잠자듯 평화로운 모습으로 갔지만, 이별 준비가 안 된 남은 자들에게는 황망 그 자체였다.

망자의 시간이 멈춘 하늘은 잿빛이었다. 구름 사이로 간간이 비치는 불콰한 빛이 시원의 새벽처럼 스산했다. 나는 무리에서 떨어져 나와 전광판에 뜬 '○○○ 화장 중'이라는 글씨 앞에 홀로 서 있었다. 가슴 밑바닥에서 뜨거운 것이 치밀었다. 통곡의 벽을 마주한 듯 주체할 수가 없었다. 어깨 떨림을 감추지 못한 나에게 큰아들이 다가왔다가 조용히 손을 놓고 물러섰다. 육신은 검은 연기가 되어 가뭇없이 사라지고, 서러운 넋은 늦가을 가랑잎에 실려 흩날렸다. 끈끈한 핏줄의 연도 저 연기처럼 맥없이 풀어졌다.

떠나기 몇 해 전, 무심코 던지는 푸념 속에는 쓸쓸함이 묻어 있었다. 아마도 서러운 것이 많았기 때문이리라. 고인은 둘째로 태어났다. 성장기 때, 형은 맏이란 이유로 어려운 일을 피해서 가고, 동생인 나는 아버지의 총애를 받았다. 돌아보면 그는 외로운 섬이었고 힘든 일을 도맡아 했다. 그런데도 겉만 보고 비단옷 입고 밤길 걷는 사람쯤으로 여겼다. 그래서인지 때때로 가시를 드러내기도 했지만, 더없이 성실했고 세상을 선량하게 살려 했다.

형의 유아기, 천연두가 마을을 휩쓸 때 또래 아이들이 속속 희생되었다. 그도 가망이 없자 보자기에 싸서 방 윗목에 밀쳐두었다고 한다. 그런데도 혼자서 저승 문턱을 박차고 돌아왔다. 그 강인함은 평생 이어졌다. 20여 년 전엔 술과 담배를 칼로 베듯 끊고 몸을 건사해왔다. 그런데 한순간, 무서리에 호박잎 지듯 이 세상에서 떨어져 버리다니. 부모와의 이별과는 또 다른 감정으로 다가왔다.

만감이 교차하는 가운데 기억의 서랍이 하나씩 열린다. 어릴 때 형은 안방 벽면에 이리저리 붙은 내 상장을 보며 자랑스러운 동생이라 여겼다. 밥상 펴놓고 공부하는 내게 책상도 사주었다. 군 복무 중 궁해서 돈을 청한 적이 있었는데 부대에 들락거리는 민간인 편에 부쳐 보냈다. 나는 끝내 아무것도 갚지 못했다. 노래가 귀하던 시절, 교과서에 실린 동요 외에 〈동숙의 노래〉를 가르쳐 준 사람도 형이었다. 하지만 그 흔한 노래방에 함께 가본 적이 없다. 저세상이 정말 있다면, 다시 만나면 무슨 말을 해야 할까. 그 생각에 한동안 마음이 소용돌이쳤다.

마지막 길을 배웅하고 돌아온 저녁, 괴로워하자 아내가 술 한 잔 권한다. 하지만 나는 술에 의지하는 습관이 들면 곤란하다며 뿌리쳤다. 그러자 아내는 당신다운 생각이라며 추어주었다. 문득 생각했다. 앞으로 내 역할은 무엇일까. 형은 갔지만, 그의 분신인 조카 둘을 덜 외롭게 하는 일이 아닐까. 삼우가 끝난 뒤 내 두 아들에게 사촌들에게 위로의 말을 전하라고 문자를 보냈다. 며칠 후, 여전히 슬픔에 잠긴 조카들을 불러 저녁을 함께했다. 아내 명의로 들어 있던 기존 건물 화재보험을 해지하고, 조카딸이 지점장으로 있는 보험에 새로 가입했다. 내년에는 내 차량 2대의 자동차보험도 들어 줄 생각이다.

조카가 의사인데도, 형은 단 한 번도 몸 상태를 물어보지 않았다. 분명 폐를 끼치기 싫어서였으리라. 소화 불량으로 검진을 해 놓고 결과가 나오기도 전 떠났다. 삼우 후에 받아든 결과에는 간이 이미 회복 불가능한 상태였다고 적혀 있었다. 그것이 직접적인 사인은 아니었다지만, 나는 그 결과지를 오래 바라보다 눈을 감았다. 같이 검진받으러 한 번 가보자, 그 말 한마디를 왜 못했을까.

가슴을 옥죄는 회한이 밀려온다.

간다는 것은 해가 뜨고, 바람이 불고, 비가 오는 것처럼 자연스러운 일이다. 그것이 섭리라는 걸 알면서도 선뜻 받아들이기란 쉽지 않다. 피붙이를 떠나보내는 상실감은 비할 데 없이 벅차다.

생자필멸의 숙명 앞에 겸허히 고개를 숙인다.

세상에서 가장 정갈한 흙 한 줌을 무덤 위에 얹어놓고,

공손히 두 손을 모은다.

이삿짐 묶어오며

서랍을 정리하다가 주민등록 초본이 힘겹게 고개를 내민다. 얼마나 무거운 짐을 지고 있는지 한 번 봐 달라는 것 같다. 열아홉 줄의 까만 글줄이 실타래처럼 풀려나온다. 주소지를 옮긴 기록이다. 그중 다섯 번은 결혼 전 일이라 제쳐두고, 열네 줄의 행간에 녹아있는 잊지 못할 삶의 궤적을 따라가 본다.

대도시로 나왔을 때 가장 절실했던 것은 편히 쉴 수 있는 '내 집'이었다. 집 없는 서민은 대개 사글세부터 시작했다. 전세방만 있어도 마음이 든든하던 시절이었다. 그러던 중 1989년, 노태우 정권이 '주택 200만 호 공급'을 발표했다. 내 집 마련의 꿈이 한층 가까워진 듯했다.

1980년대 초, 갑자기 대구로 인사 발령이 났다. 급히 비집고

들어간 곳은 비산동의 한구석이었다. 가을비 추적이는 날, 사글세 단칸방에 짐을 부려놓았다. "비 오는 날 이사하면 부자 된다." 어머니의 위로였다. 그 집엔 더운밥에도 서늘한 기운이 감돌았다. 달서천의 악취가 코를 찔렀고, 철커덕거리는 열차 소리에 새벽잠을 설치곤 했다. 두 살, 세 살이던 아이들은 흙 묻힌 채 들어왔고, 동네에서 양말 신는 아이는 우리 아이들뿐이었을 정도였다. 맹모의 눈에는 당장 떠나고 싶은 곳이었다.

당시 봉급생활자들에게는 '재형저축' 제도가 있었다. 쥐꼬리만 한 월급이지만 제날짜에 꼬박꼬박 나와 계획적인 살림이 가능했다. 내 집 꿈을 이루기 위해 아내가 개미 메 나르듯 했다. 일곱 번의 이사 끝에 마침내 작은 아파트를 마련했다. 결혼 9년만, 서른 중반의 일이었다.

집의 크기로 살림을 평가하던 때였다. 우리에게는 평수보다 더 중요한 이유가 있었다. 홀로 지내는 시어머니를 모시는 게 아내의 바람이었다. 그 효심이 통한 것일까. 작은 집에서 3년을 살다가 40평형으로 옮겼다. 우리 형편에선 '궁궐'이었다. 처가의 도움이 컸다. 하지만 어머니의 방은 늘 비어 있었다. 혼자 있음이 편하다는 게 이유였지만, 실은 다른 자식들의 눈치를 보며 우리를 배려한 마음이었다.

삶은 산 넘어 산이라 했던가. 집 문제를 풀었나 했는데, 아이들고교 진학에 대한 고민이 수면 위로 떠 올랐다. '명문학군'으로 오라는 인척의 권유에 마음이 흔들렸다. 큰아이가 중3, 둘째가 중2였다. 서둘러 전학을 시키고 새 보금자리를 구했다. 4년도 채 안 돼 새집의 냄새가 채 가시기도 전에 세를 놓고 나왔다.

그 사이 어머니는 병세가 깊어져 장기 입원했다. 아내는 "부모님께 드리는 돈은 아깝지 않다."라며 적금을 깨 치료비에 보탰다. 그저 아내 눈치만 보던 내겐 고마울 따름이었다. 다섯 식구가 살기엔 좁았지만, 마음만은 가득했다. 그러다 큰아이가 수능에서 제 기량을 발휘하지 못했다. 집안 분위기는 정리되지 않은 이삿짐처럼 어수선했다. 실의에 빠진 분위기를 바꾸기 위해 다시 40평으로 '환궁'했다. 떠난 지 4년 만이었다.

큰아이는 재수생, 둘째는 고3이었다. 직장생활에다 새벽과 늦은 밤 통학까지 챙기느라 내 몸이 버티질 못했다. 안면마비가 찾아왔다. 아내도 지쳤다. 그즈음, 어머니는 마지막 숨을 거두었다. "이번에는 시험 잘 칠 끼다." 그 진한 말씀을 남기고서. 수능일을 며칠 앞둔 때였다. 말씀대로 큰아이는 좋은 결과를 얻었다. 그날의 눈물은 기쁨의 단비가 되었다. 가족 간 화목은 더 도타워졌고, 물질적으로도 훨씬 풍족해졌다. 당신께서 며느리에게 내린 은총이었으리라.

시어머니를 위해 마련한 것이기는 했지만, 40평에 며느리의 도량을 다 담을 수 없어서였을까. 궁궐과 명문 학군에 있던 집을 처분해서, 88평 대지에 지하 1층 지상 3층인 주상복합건물을 마련했다. 또 보금자리를 옮겨야 했다. 우리 가족의 결핍과 충만, 고통과 기쁨이 배어 있는 곳과의 이별 앞에 섰다. 어머니의 체취와 가쁜 숨소리, 비틀거리는 내 환영, 아이들의 책 읽는 모습, 대입 축하 덕담의 환청, 밥상을 마주하고 나누던 고부간의 정담…. 그렇게 이삿짐에는 실을 수 없는 것들이 문턱에 걸려 덜컹대기만 했다.

아이들 다 공부하러 떠난 뒤, 둘만 살기엔 과분했다. 아내가 요즘 주택을 부부 공동명의로 하는 사람들도 있다는 말을 슬쩍 흘린다. '아차, 내 생각이 짧았구나.' 한술 더 떠서 아내 단독 명의로 해주었다. 바로 위 처형이 "참 이상한 김 서방이네."라고 했다. 아내는 그것이 늘 미안하고 부담스럽다고 했다. 나는 왠지 그 집에 정이 붙지 않았다.

세입자 문제도 쉽지 않았다. 혼자 산다던 여자 세입자에게 아들과 며느리, 손주까지 얹혀 들더니 결국 예고 없이 떠났다. 며칠 후 출근길에 보니, 내 차와 아내 차가 긁혀 있었다. 범인은 짐작이 갔다. 사람의 마음이 이렇게 무서운 줄 몰랐다.

편히 살려면 아파트가 낫다는 걸 절실히 깨달았다. 그렇게 7년을 보내고 또다시 짐을 쌌다. 열네 번째 이사였다. 이번엔 마음이 한결 가벼웠다. 지금의 집은 며느리 둘의 혼수가 들어오고, 손주 넷이 편하게 놀다 가는 곳이다. 명절이면 웃음이 꽉 찬다.

지나고 보니 인생은 찰나였다. 붉은 노을이 발목을 잡는다. 이제는 이삿짐 끈을 놓아야겠다.

이름, 그 정체성

얼마 전 내 생일날 손주들이 왔다. 재롱떨며 깔깔대는 모습을 보면서 세상 사는 맛에 빠져든다. 두 아들이 밥벌이 시작하고는 곧장 결혼과 함께 둥지를 떠났다. 그간 부자간 말다운 말을 나눌 틈조차 없었다. 빈 그릇처럼 허하던 마음을 이제 손주 녀석들이 채운다.

모든 사물에는 그에 어울리는 이름이 있다. 한 사람에게 그것은 평생 따라다니는 정체성이다. 기업도 사운이 걸려 있는 일로 여긴다. 사람들은 예나 지금이나 작명에는 유독 관심이 높다. 아직 태아인데도 성급하게 이름을 짓는다고 부산을 떤다. 좋은 뜻이 담긴 한자를 찾아 옥편을 마르고 닳도록 뒤지기도 한다. 여의치 않을 때는 작명가를 찾는다. 어머니 뱃속으로부터 나온 아기는 마침내 자신의 이름을 얻게 된다.

사람은 자기의 정체성을 확인할 때 기뻐한다. 때늦게 '가나다라'를 깨치기 위해 나온 할머니들에게 이름을 불러주면 두 볼에 홍조를 띠며 마냥 소녀가 된다고 한다. 우리 세대의 어머니들은 이름은 있었지만, 제대로 불릴 기회가 없었던 때가 있었다. 단지 아무개의 딸·어머니·아내로 불리었다. 또한, 그것도 '김성녀金姓女', '이성녀李姓女', '박성녀朴姓女'가 많았다고 한다. 각각 김·이·박씨 성을 가진 여자라는 뜻이다. 바른 의미의 이름은 아니었다. 여성들의 활발한 사회 진출과 여권이 크게 신장한 오늘날에서야 제대로 된 이름을 가지게 되었고, 당당하게 불리고 있다. 하층민 남성에 많았던 '돌쇠', '개동', '동삭', '막쇠', '큰노미' 등이 사라진 것은 그리 멀지 않다. 이름이 사람을 만든다는 말뜻이 와 닿는다.

한 번 지어진 이름은 특별한 사정이 없으면 평생 불리게 된다. 하지만 영원불변한 것은 없듯이 개명이 느는 추세다. 그것이 천박하다는 이유로, 또는 인생이 꼬일 때 '금수저' 운명으로 갈아타 보기 위해서…. 그 이유도 다양하다. 요즘 들어 연예인, 스포츠 선수 등 유명인들 사이에 그것이 유행처럼 되었다. 이에는 절차의 간소화도 한몫한다. 회사 이름도, 브랜드 명칭도 사람 이름 짓기와 다를 바 없다. 기업은 정체성 표현과 경영전략의 하나로 기존의 명칭과 로고를 바꾸면서 기업 이미지 통합작업을 하기도 한다.

살아가면서 저마다 보람되고 기쁜 일이 여러 가지가 있다. 그중의 하나가 첫 손주를 얻었을 때가 아닌가 싶다. 자신의 피가 흐르는 유전자를 갖는다는 것은 큰 의미가 있는 일이다. 그에 딱 들어맞는 '부름'의 말을 찾는 작업은 또 하나의 산고이리라. "자식에게 전답보다는 좋은 이름을 주는 것이 낫다."라는 옛말도 있다. 일생 상서로운 밑천으로 자리매김하길 바라는 부모의 간절한 마음이 거기에 담겨있다. 이름 짓기에 온 정성을 쏟는 이유이리라. 어머니 배 속에 있는 태아를 애칭으로 부르는 태명이 있긴 하지만, 한 사람이 두 가지 정도의 이름을 갖는 것 같다. 공부 등재용, 족보 등재용이 그것이다.

첫 손자가 태어났다. 작고 따뜻한 생명이 세상에 첫울음을 터뜨리던 날, 온 집안이 기쁨으로 들썩였다. 그런데 기쁨이 채 가시기도 전에 작은 파도가 일었다. 손자의 '이름' 때문이었다. 우리 가족에게는 운명이란 스스로 개척하는 것이라는 믿음이 강했다. 자연스레 사주 명리나 성명학과는 거리를 두게 되었다. 그러나 새로운 핏줄이 태어남으로써 불가피한 사정이 생겼다.

아내가 첫 손자라는 이유로 '이름난' 곳에 가서 작명해오라고 한다. 그 말에"내 이름을 내 아버지가 지었듯이, 손자 이름은 그 아비가 짓도록 하는 것이 좋아."라고 했더니 "요즘 세상에 그런

소리 하면 옛날 사람 소리 들어요."라며 내 말을 끊어버린다. 결국 성화를 이기지 못해 작명소로 갔다. 돈도 신권으로 약간 준비해서.

마주 앉은 작명가가 "타고난 사주팔자에 걸맞은 이름을 가져야 평생 운이 좋다"며 말문을 연다. 그런 다음 아기 엄마 이름도 괜찮지만, 아빠 이름은 너무 좋다는 덕담을 빼놓지 않는다. 직업에 매인 말일 것이다. 한참 지난 후 순위를 매긴 두 개의 이름을 내놓는다. 그걸 집에 모셔놓고 손자 만날 날만 기다리고 있었다.

드디어 서울에서 첫 손자와 상봉한다. 작은 손, 오므린 주먹, 숨결까지도 신비로웠다. 지은 이름을 건네고 돌아온 지 며칠이 지나도 소식이 없다. 조급증이 난 아내가 아들에게 전화로 물었다. 아들의 대답은 짧았다. "이미 우리 둘이서 지어놨어요." 그 한마디에 아내의 얼굴이 굳었다. "아니, 니 아버지가 일자무식도 아니고, 돈까지 들여 지었는데…." 아내의 말에는 단순한 서운함을 넘어, 세월의 자존심이 배어 있었다. 잠시 어색한 침묵이 흐른 후, 이름은 그 부모가 아이에게 주는 첫 선물로 생각하고 그들의 의사를 존중해 주자고 했다. 아내는 여전히 섭섭해했지만, 시간이 지나며 조금씩 누그러져 갔다.

얼마 후, 손자 만나러 다시 갔다. 그 이름을 불러주었다. 처음엔 낯설었지만, 아이의 얼굴을 들여다보니 신기하게도 이름이 참 잘 어울렸다. 이름 속에는 젊은 부모의 바람이 고스란히 담겨있었다. 집으로 내려오는 길에 아내에게 말했다. “우리가 지은 이름에도 그들이 지은 이름에도 사랑이 담겨있긴 마찬가지야. 결국 이름은 다 같은 마음에서 태어나는 거지.” 아내는 한참을 묵묵히 듣다가 조용히 웃었다. “그래요, 우리 손자 이름이 제일 예쁜 것 같아요.” 그렇게 첫 손자의 이름 짓기는 한낱 촌극으로 끝났다.

둘째 아들은 손녀의 작명을 선뜻 내게 맡긴다. 웬일인가 했다. 좋은 말 골라 ‘부르기 쉽고 듣기 좋은’ 것으로 복수로 지어 보냈더니 그중에서 하나를 골랐다. 하지만 손자가 태어나자 아비가 직접 짓겠다고 선수를 친다. 이제 이르러 가만히 생각해 보니 ‘아들 이름’은 저희가 짓고 싶었던 게 아닌가 싶다. ‘하기야 내 아들 이름도 내 맘대로 지었으니….’

그 후로 나는 손주들 이름을 부를 때마다 행복을 느낀다. 그 이름 속에는 세대마다 다른 사랑의 방식이 담겨있고, 그 부름 속에는 우리가 이어온 가족의 숨결이 녹아 있다.

이름은 부르는 사람의 마음이 완성하는 것이 아닐까. 아버지가 내 이름을 부를 때의 따뜻함이, 이제 내가 내 손주의 이름을 부를 때 되살아난다.

세월이 돌고 돌아, 이름 하나하나에 우리의 삶과 사랑이 이어진다.

2.

삶의 결과 사람들

직진으로만 살아온 세월, 삶의 곡선을 배운다. 붓방아 찧으며 넝마장수처럼 남의 글발만 뒤적이던 문학의 길. 이제 삶도 글도 가을 햇살 아래 곡식처럼 영글어 가길 바란다.

— 〈초보운전 면할 날은〉 중에서

수수께끼

감벽 하늘에 종달새가 날고, 보리가 누렇게 익어가던 초여름이었다. 그 보리밭길을 'OO동서'가 시시덕거리며 지나갔다는 이야기가 사무실 안에서 수군거림이 되어 떠돌았다. 명지바람에도 마음이 흔들리던 감수성 예민한 스무 살 초반 무렵이었다. 상간지사相姦之事의 아슬아슬한 기류에 귀가 쫑긋했고, 직장 상사들은 그 뒷이야기를 은근히 즐기고 있었다.

그 여인은 조그만 식당을 운영했다. 음식 솜씨는 평범했으나, 씩씩하고 직설적인 성품 덕에 사람들의 입에 자주 오르내렸다. 그녀의 남편은 관공서를 전전하며 노닥거리는 것이 일상이었다. 1980년대 초, 5월 어느 금요일 오후였다. 그가 찾아와 상사들과 어울리며 허세 섞인 농담을 늘어놓았다.

"마누라 내일 1박 2일로 동촌유원지에 다녀오라캤다."

묻지도 않은 말을 스스럼없이 내뱉는 그는 늘 그런 식이었다. 나는 그 말에 문득 한 편의 소설 장면이 겹쳐지고, 주위 사람들은 각자의 상상 속에서 저마다의 이야기를 꾸미고 있었을 것이다.

그 무렵 남자 주인공은 사건을 몰고 다니는 인물이었다. 여직원과의 불화로 사무실이 떠들썩해진 적이 있었고, 그녀는 결국 사표를 던지고 나갔다. 누가 누구와 얽혔는지는 알 수 없지만, 그를 중심으로 늘 소문이 따라다녔다.

어느 날 점심 무렵, 그 식당에 들렀다. 바깥주인은 출타 중이었다. 안쪽 방에 그녀가 모로 누워 있었다. 팔로 뺨을 괸 채 멍하니 허공을 바라보는 모습이 어딘가 쓸쓸했다. 창문 틈새로 스며든 바람에 옷깃이 느슨히 흘러내리고 있었다. 벽에 등을 기댄 사내가 그 모습을 지켜보고 있었다. 두 사람은 남의 시선을 의식하지 않는 듯했다. 나이 든 여종업원만이 분주히 움직이고 있었다.

그 '1박 2일'이 시작되던 토요일 오후였다. 시외버스 정류장에서 우연히 그 남자를 만났다. 목적지가 그의 가족이 있는 곳과는 정반대였다. '아니, 그녀가 바람 쐬러 간다는 곳과도 다르잖아.' 내가 버스표를 함께 끊으려 했으나, 그는 각자 하자고 했다. 좌석에 나란히 앉았다. 권력기관에 근무하는 친구를 만나러 간다고 한다. 그의 친구는 대부분 '힘 있는 기관'에 근무하고 있었고, 또

한 간부였다. 사실 여부는 알 길이 없었지만. 공무원증을 꺼내며 색깔이 다르다며 은근히 자랑했다. 당시에는 직급에 따라 증의 색깔이 달랐던 시절이었다. 묘한 열패감을 느꼈다.

인근 읍내에 도착해 내가 '칠성사이다' 한 병을 사서 나눠 마셨다. 월요일에 보자며 헤어지고 다른 버스로 갈아탔다. 창밖으로 여인숙 골목이 눈에 들어왔다. 그때 낯익은 얼굴이 보였다. 식당 여주인이었다. 술과 안주가 담긴 바구니를 들고, 한낮의 햇살을 등진 채 여인숙 안으로 종종걸음쳤다. 봄바람에 치맛자락이 나풀거렸다. 그 바람 속에는 어쩌면 욕정의 그림자도 함께 실려 있었을지 모른다.

그 장면이 플로베르의 ≪보바리 부인≫을 떠올리게 했다. 19세기 보바리는 사랑의 실패와 빚더미 끝에 비극적으로 생을 마감했지만, 이 '현대판 보바리 부인'은 달랐다. 세속에 능했고, 계산에 밝았다. 어느 날 점심때 갔더니 그녀의 안방에는 자개농이 새로 놓였다. 남자 주인공의 몇 해치 월급을 합친 값어치라 했다. 정념이 식자, 그 대가는 차갑게 계산되었다. 그녀는 가정도 잃지 않았고, 재물도 늘렸다. 그런 점에서 해피엔딩이라 해야 할까. 아니면, 정념의 잔불 위에 타오른 욕망이 스스로를 소모한 비극이라 해야 할까.

몇 해가 지나 나는 대도시로 발령을 받았다. 어느 선거 개표장에서 우연히 그 남자 주인공을 다시 보았다. 반가운 마음에 다가가 인사했으나, 그는 슬그머니 고개를 돌렸다. 부끄러움이었을까, 회피였을까. 잠시 뒤, 그는 자리를 떠났다. 그 이후 다시 본 적이 없다.

남자 주인공과 여주인공의 남편은 언제나 함께였다. 들판으로 나가 담배를 피우며 잡담을 나누는 두 사람을 보며, 사람들은 '○○동서가 유별나다'라고 비아냥거렸다. 염문은 바람에 실려 부풀어 올랐고, 정작 그녀의 남편만 모르고 있는 듯했다.

늘 생각했다. 그들은 무늬만 부부였던 걸까. 남편은 아내를 너무 신성시해 플라토닉 러브로만 남았던 걸까. 아니면 백수로서 아내의 경제력에 기대야 했기에 눈을 감은 걸까. 혹은 모든 것을 초월한 해탈이었을까. 그때의 나는 이 의문들을 끝내 풀지 못했다. 다만 지금 돌이켜보면, 그들의 문제는 '소통의 부재'에 있었다고 여겨진다.

나 또한 가정사와 현실 문제로 아내와 마주 앉으면 어딘가 불안하고 긴장되곤 했다. 바쁘다는 핑계로 대화를 피한 적도 있다. 그러나 결국 대화를 통해서만 서로가 어디쯤 서 있는지를 확인할 수 있었다. 그렇게 해서 위기를 넘어 평화를 되찾곤 했다. 사람은 결혼을 통해 성장한다고 한다. 서로 터놓고 협상하는 과정에서 성숙해지는 법이다.

오늘 아침, 곤한 잠에 빠진 아내의 얼굴을 바라보다 생각한다. 만약 나 혼자 남는다면, 남은 생은 얼마나 고단할까. 밤이 유난히 고요할 때면, 종종 그녀의 숨소리를 확인한다. 그 소리가 내 삶의 리듬이요, 함께 풀어가야 할 마지막 수수께끼이기 때문이다.

운칠기삼

이것만큼 대중이 즐기는 놀이가 또 있을까. 규칙이 무궁무진하고, 전천후로 즐길 수 있어 좋다. 국어사전의 한 자리를 당당히 차지하고 있는 "고스톱(Go-stop)"이라는 이름도, 마치 K-pop처럼 세계 시장을 겨냥해 지은 듯 절묘하다.

직장이라는 조직 문화가 그랬다. 당시 유행하는 놀이를 모르면 주류 집단에 끼지 못하는 분위기였다. 외톨이가 되기 싫어, 어쩔 수 없이 어울려야 했다. 고스톱은 필수였다. 마라톤과 골프에도 한때 탐닉했지만, 춤은 가까이하면 화상을 입을 것 같은 뜨거움으로 느꼈다. 그래도 회관에서 옷 지킴이 역할만 하던 나를 끌어내려던 동료의 권유에 몇 발짝은 내디뎌 보았다. 밥벌이를 접은 뒤에는 파크골프 모임을 매개로 친구들과 고스톱을 즐긴다.

한때 식당에서 셋만 앉아도 주인은 으레 군용모포를 내왔다. 큰 식당마다 두서너 장쯤 있었다. 민간에 그리 널린 줄은, 군에서 병참을 맡았던 나도 미처 몰랐다. 재미 삼아 하는 고스톱도 도박죄에 해당한다는 주장과 그렇지 않다는 견해가 엇갈리지만, 그로 처벌받은 적이 없으니 아직도 즐긴다. 상가에 조문 가서 오래 머물러주는 것이 미덕이던 시절, 고스톱은 시간의 공백을 메워주는 유용한 놀이였다.

화투에 눈을 뜬 것은 중학교 시절이었다. 겨울방학이면 가끔 민화투를 쳤다. 아마 화투보다 어울림의 재미가 더 컸을 것이다. 삼판이승 게임에서 진 사람은 어두운 시골 밤길에 라면을 사러 가야 했다. 용돈 개념조차 없던 시절, 부모님께 잔꾀를 부려 타낸 돈을 모아 '三養라면'을 샀다. 그것도 양이 부족해 국수와 반반 섞어 끓였다. 끓이는 일은 언제나 여학생 몫이었다.

직장 초년 시절, 선배들의 짬짬이 고스톱을 어깨너머로 배우던 어느 토요일 오후. 초짜인 내가 뜻밖의 행운을 만났다. 이상하게도 돈이 모두 내게로 몰렸다. 다음 날 새벽 여섯 시까지 붙들려 있다가 발이 붓고 신발이 들어가지 않을 지경이 되었다. 그들의 미끼였던가. 그 후로 오랫동안 그들의 상대가 되지 못했다.

돈을 잃은 기억은 오래 남는다. 오밤중 천장 위로 48장이 둥둥 떠다니다가 덮쳐오는 듯했다. 팔다리는 쑤시고, 승리욕은 더 달아오른다. 잡기에 능하지 않은 나는 잃을수록 흥미가 떨어졌지만, 어쩔 수 없이 어울려야 하는 자리가 있었다.

현직에 있을 땐 조금 따면 점심이나 저녁을 샀고, 잃으면 승자의 뒤를 졸졸 따라다니며 밥 한 끼 얻어먹었다. 그 시절이 좋았다. 퇴직 후엔 승리욕은 반으로 접고, 흥미는 두 배로 늘렸다. 점당 천 원을 오백 원으로, 한도액은 일만 원으로 줄였다. 주머니 사정을 반영한 규칙이었다. 가볍게 여기고 '투고, 쓰리고'를 외치는 맛도 여전하다.

물때를 잘 만날 때도 있다. 지난달엔 빈 외양간에 소 몰아넣기였다. '쓰리고'에 양피박까지 얹히니 단박에 '배춧잎' 두 장이다. 몇 판을 잇달아 먹자 모포 위가 산달을 앞둔 배처럼 불룩했다. 일어설 때 선심 쓰듯 쫙쫙 뿌려주는 맛에 쾌감을 느낀다. 늘 오늘만 같아라 싶지만, 그런 날은 드물다.

퇴근이 늘 늦던 부서 시절이다. 그날도 자정 무렵까지 게임을 했다. 공교롭게도 그 시간대에 다른 사무실에 도둑이 들었다. 피해는 없었지만, "총무과에서 늦게까지 고스톱을 쳤다"라는 소문만 남았다. 낙장불입이었다. 오해받을 일은 하지 말라던 과장의 훈계로 마무리되었지만, 그날의 씁쓸함은 오래갔다. 과연 경비를 소홀히 한 쪽과 고스톱을 친 쪽, 누가 운이 좋았던 걸까.

게으른 농부가 종자 탓한다고 했던가. 일곱 장을 받아들고 부채처럼 펼쳐봐도 쌍피 한 장 없다. 흑싸리 죽데기에 목단밭이다. 이런 판이 몇 번째다. 더구나 직전 판에 연이어 죽지 못하는 '연사 금지'에도 자주 걸린다. '신발이 뒤집혔나?' 싶을 때면 집중력은 바닥을 친다. 잔챙이 먹어 봐야 벼 낟가리에 불 질러 놓고 쌀 튀밥 찾아 먹는 격이다. 큰 것 한 방을 노리다 가랑비에 옷 젖듯 잃는다. 초장 끗발이 파장 자라목이 되곤 한다.

움직이지 않은 채 기름진 음식과 담배 냄새가 뒤섞인 공기 속에 있다 보면 건강을 해치기에 십상이다. 시력도 나빠졌다. 아내는 "그놈의 고스톱 때문"이라며 핀잔을 준다. 그때마다 나는 고스톱을 모독한다며 웃어넘긴다.

과녁을 빗맞힌 원인을 곰곰이 생각해본다. 운이 좌우할 때도 많지만, 상대의 패를 읽으며 집중과 평정심을 잃지 않을 때 실점을 줄였다. 마음이 앞서거나 일이 꼬여 판을 엎고 싶을 때가 인생에도 있다. 그럴 때마다 집중과 인내로 충동을 다스리고, 절제된 경쟁심으로 실점을 최소화하는 법을 고스톱에서 배운다.

남은 인생, 욕심 없이 피박만 피해서 가도 족하리라. 기본 삼 점쯤은 줘도 좋다. 어차피 사는 일도 운칠기삼運七技三 아닌가.

초보운전 면할 날은

옷은 새 옷이 좋다더니, 설렘으로 새 차를 기다린다. 어느덧 여덟 번째 차다. 운전대를 잡은 지도 40년이 가까워져 오지만, 내 삶은 여전히 초보운전 수준이다. 사는 일의 완숙은 시간의 퇴적과는 무관한 것일까.

1980년대 중반 초겨울이었다. 퇴근길 구청 정문을 미끄러져 나가는 '프레스토'의 빨간 후미등이 눈에 밟혔다. 당시만 해도 승용차는 극히 일부 직원들의 특권이었다. 그러나 88서울올림픽이 끝난 후 공직사회에도 '마이카' 바람이 불었다. 대개 첫 차는 중고 '포니2'였다. 이후 '프레스토', '엑셀' 모델이 등장하면서 구청 마당은 차로 점점 메워졌다. 나도 마침내 그 대열에 끼었다.

도로 한가운데서 고장 난 차량을 보면, 늘 남 일 같지 않았다.

그래서 '차는 노후 되기 전에 바꾸자'가 내 지론이었다. 네 번째 차를 바꿀 때, 장모님은 "대학생 둘을 두고도 또 바꾸냐"고 혀를 찼다. 세월이 흘러 일곱 대를 보내고, 이번에 여덟 번째 차를 장만했다. 연료 절약형 SUV는 인기라 인수까지 1년이 걸린다기에, 결국 H사의 가솔린 세단을 5개월 만에 받았다. 체면을 세워주려 애쓴 아내가 고마웠다.

처녀 운행은 어둠이 내려앉을 무렵이었다. 두 아들을 태우고 경북대 치대 네거리 부근에서 버스에 막혀 섰다. 차선을 바꾸려다 내 차 앞 범퍼에 버스 머플러가 걸려 휘어졌다. 승객을 모두 하차시킨 운전기사가 돈부터 달라고 한다. 자동차 보험 처리도 할 줄 모른 채 그의 요구에 응했다. 아이들 앞에서 쥐구멍을 찾고 싶은 심정이었다. 진땀 흘리며 겨우 집까지 왔는데 "큰 버스가 우리 차에 받혀 찌그러졌다."라며 아이들이 제 엄마에게 개선장군처럼 보고했다. 나의 새로운 걸음마는 그렇게 초라했다.

그 시절엔 승용차를 가진 직원이 드물기도 했지만, 인력관리부서의 내 자리 탓에 주위의 시선을 의식했다. 인근 교회 주차장을 주로 이용하고 구청까지는 걸어 다녔다. 용기와 배짱도 없이 그렇게 소심했다. 친하게 지내던 한 언론사 기자가 출근길에 운전하는 모습을 보고 웃었다고 했다. 의자를 앞으로 바짝 당기고 어설프게 운전하는 모습이었으리라.

1990년대 초 설 연휴 귀성길, 녹은 눈이 얼기 시작할 무렵이었다. 어린 조카를 마중하러 나가다 철길 밑 지하도 빙판에 미끄러지는 차 옆구리에 행인이 받혀 넘어졌다. 당황한 나와는 달리 그는 오히려 괜찮다면서 툭툭 털고 일어섰다. 마음이 불편해 병원으로 데려갔다. 이상 없다는 진단을 듣고 나서야 그의 신발이 한 짝뿐인 것을 보았다. 신발가게에서 제일 비싼 운동화를 사 신기고, 가진 돈을 몽땅 쥐여주며 집까지 데려다줬다. 집에는 몸이 불편한 아내와 어린 아들이 있었다. 문을 나서는 순간 다리에 힘이 풀렸다.

다음 날 설 차례를 마친 후 그의 집에 안부 차 전화했다. 그의 아내가 어눌한 말씨로 아침에 서울 가고 없다고 한다. 나를 피하려고 끌어다 붙인 말인 것 같았다. 그런데 설 연휴가 끝나고 직장에 복귀한 날 그의 친인척이 연락해 왔다. 몸이 많이 안 좋다고. '아하, 돈을 요구하는구나.' 나는 정공법을 택했다. 그날로 사고 관할 경찰서로 달려가 사고 사실을 신고했다. 자동차 보험사에도 이 사실을 알렸다. 그런데 누구도 내게 책임을 묻지 않았고, 사건은 종결됐다. 그제야 오금을 펼 수 있었다.

한때 교통위반 단속에 걸려든 운전자가 많았다. 단속 실적을 올리는 데 함정단속이 한몫했다. 1990년대 중반 어느 가을, 칠곡군 가산면 천평리를 지나 다부동 고개로 향하던 길이었다. 한 단속 경찰관이 내 차를 도로변 가장자리로 안내하더니 운전면허증을 보여달라고 한다. 과속했다는 것이다. 의아했다. 차량 대여섯 대가 한데 섞여서 왔는데 왜 내 차를 지목하느냐고 따져도 소귀에 경 읽기다. 사바나에서 사자는 누우 무리에서 절뚝거리거나, 어린 녀석을 먹잇감으로 골라 공격한다. 특정의 용이성 때문이란다. 윤기 흐르고 싱싱하면서 건강한 것을 밥상에 올리고 싶지만, 목표물을 특정하기가 쉽지 않다는 말이다. 드러나는 까만색이어서 내 차를 먹잇감으로 골랐을까. 그들의 속내가 읽히기는 했다.

다른 차들은 제 갈 길 가고 내 차만 사자에게 목덜미가 잡힌 신세가 되었다. '사자에게 물려가도 정신을 차려야지.' 속도위반 채증 자료를 제시하면 백번 수긍하겠다고 했더니 한참 머뭇거리다가 목에 잔뜩 힘이 들어간 목소리로 "이 양반아, 나라에 돈이 없어 좋은 장비를 못 사서 증거 못 대요."라고 한다. 부아통이 치민다. 쉬운 말을 어렵게 비틀어서 들이대는 바람에 실랑이가 길어졌다. 멀찍이서 지켜보고 있던 그의 상사가 그를 불렀다. 쑥덕거린 후 내게로 와서는 범칙금 없는 '지도장'이라는 걸 발급해주겠다고 한다. 그의 너절한 사설은 뒷산 접동새 울음소리인가 했다. 오히려 내가 그들에게 '지도장'을 주고 싶었다.

초보운전을 떠올릴 때마다 내 지난날의 초상이 겹친다. 인생도 그렇다. 서툴고, 직진만 했다. 비 오는 날 차선을 바꾸지 못해 무작정 직진하던 것처럼, 40년의 직장생활도 곧은 길뿐이었다. 원칙이란 이름의 틀에 갇혀 옆에서 끼어드는 걸 용납하지 못했고, 부딪힌 일도 많았다. 만족할 줄 모르고 늘 무언가에 갈급했다. 마치 이끼 낀 돌다리를 조심스레 건너는 듯한 세월이었다.

이제 글을 쓴다지만, 문학의 본령조차 모른 채 붓방아만 찧는다. 넝마장수처럼 남의 글밭을 뒤적이며 오늘도 초보운전 중이다.

마음속 모난 돌 하나, 세월이 지나면 둥글게 닦일까. 건삽한 글이 비단처럼 윤색될 날은 언제일까. '초보운전' 스티커를 떼고, 삶도 글도 가을 햇살 아래 곡식처럼 영글어 가길 바란다.

사람 그다음이다

아파트 관리소에서 세대별로 공지할 일이 있을 때면 두 가지 방법을 쓴다. 먼저 승강기 안에 안내문을 붙이고, 때가 임박하면 안내 방송을 한다. 말미에는 어김없이 "주민 여러분의 배려와 협조를 부탁드립니다."라는 문장이 따라붙는다. 그러나 반려동물과 관련된 공지는 그 좋은 뜻에도 불구하고 공허하게 들릴 때가 있다.

집에 돌아오면 나는 곧장 샤워실로 간다. 외출복에 묻어온 먼지를 털어내고 나서야 다음 행동을 할 수 있기 때문이다. 마트에서 사 온 물건도 웬만하면 바닥이나 승강기 안에 내려놓지 않는다. 어지간히 무겁지 않은 이상 손에서 놓지 않는 습관이다. 야외에서도 벤치에 쉽게 앉지 못해 두 다리에 미안할 때가 많다. 남에게 불편을 주는 행동은 아니지만, 오래 습관화된 태도다.

이처럼 위생에 신경 쓰는 이유는 만성 알레르기 비염 때문이다. TV에서 반려동물이 주인과 교감하는 장면을 보면 귀엽고 사랑스럽다. 그러나 실제로 가까이하는 것은 주저된다. 털을 날리며 집안을 활보하거나, 흙 묻은 발로 거실을 돌아다니는 모습이 보이면 고개를 돌린다. 특히 반려견이 사람의 입술을 핥는 장면은 충격적으로 다가온다. 취향과 감수성의 차이일 뿐, 사적 공간에서 벌어지는 일에 시비를 걸 생각은 없다.

반려동물을 키우는 인구는 빠르게 늘고 있다. 주인들은 자신을 '엄마', '아빠'라 부른다. 애완동물이 '반려동물'로 불리기 시작하면서 인간 가족 반열에 오른 새로운 존재가 된 듯하다. 주인의 관심은 때로 친족보다 더 지극해 보인다. 하지만 그렇게 귀하게 대하다가 어느 순간 버려지는 현실을 어떻게 설명할 수 있을까. 길거리에서 사고로 생을 마감하거나, 새로운 입양자를 찾지 못해 절차에 따라 안락사당하는 경우도 적지 않다. 떠돌이 동물과 인간의 생활 동선이 겹치면서 충돌이 잦아지는 것도 자연스러운 일이다. 몰래 버리는 것도 문제지만, 무작정 먹이를 주는 행위 역시 그에 못지않게 심각하다. 먹이를 주지 않는 이들도 동물을 사랑하지 않는 것은 아니다. 공감대가 형성되지 않은 채 남의 눈총을 감수하며 계속 먹이를 주는 것이 과연 옳은 일일까.

산책하는 하천 둔치에는 조경수 밑으로 작은 스티로폼 상자가 여럿 세워져 있다. 근처에 사는 한 노파가 여름부터 길고양이 집을 만들어 놓은 것이다. 1km 남짓한 구간에 다섯 개나 된다. 매일 밥과 물을 갖다 놓으니 번식에 알맞은 환경이 되었는지 가을 무렵 새끼 고양이들이 무리를 지어 보였다. 국공유지에 저렇게 마음대로 시설을 설치해도 되나, 늘 마음이 걸렸다. 겨울이 오자 담당 구청에서 계고장을 붙였다. 30일 이내에 자진 철거하지 않으면 하천법에 따라 조치하겠다는 내용이었다. 며칠 후 계고장은 뜯겨 나갔고, 오히려 집이 더 늘어났다. 경험 많고 나이 든 사람들이 생각 없이 행동하는 모습을 보면 얼굴이 화끈거릴 때가 있다. 사람 대부분은 남의 일인 양 지나쳐 버린다.

공동주택 안에서는 피해가 직접적이어서 더 민감하다. 먹이를 주니 아파트를 제집처럼 드나드는 길고양이가 늘었다. 놀이터 주변의 배설물은 아이들 건강을 위협한다. 추위나 더위를 피해 지하 주차장으로 내려오니 세차한 차에 진흙 발자국을 남기기도 한다. 멀쩡한 차에 흠집이 나도 책임을 물을 길이 없다. "청소용 공동 수도 근처에 먹이를 놓지 말라"는 안내판도 보인다. 해충 번식의 온상이 되어 저층 세대로 바퀴벌레 등이 유입될 수 있으니 삼가 달라는 내용이다. 이웃과 얼굴 붉히기 싫어서 관리사무소에 불평만 쏟아내니 직원들이 곤욕을 치른다.

먹이를 주지 말라는 방송을 여러 번 해도 소용이 없다. "꼭 주고 싶으면 집에서 키우라"라는 강한 문구가 승강기에 붙어도 듣지 않는다. 갈등이 확산하는 동안 새끼 고양이들은 계속 늘어난다. 젊은 여성이 밥을 주는 모습을 몇 번 보았다. "방송 못 들었습니까?"라는 말이 혀끝까지 차오르지만 삼킨다. 경비원이 고양이를 쫓아내려 하면 동물 학대라며 되레 항의한다니 어처구니가 없다. 이런 비빌 언덕 덕분인지 길고양이들은 사람을 경계하지도 않고 어슬렁거린다.

어느 해 10월, 영국의 한 매체가 충격적인 소식을 전했다. 반려견에 의해 감염돼 사지를 절단한 미국 여성의 사례였다. 반려견이 그녀의 손에 난 상처를 핥았을 때 박테리아가 침투한 것으로 의사들은 진단했다. 개는 자신의 항문이나 성기 등을 핥는 습성이 있어 박테리아가 입으로 옮겨질 수 있다고 한다. 그런 입으로 사람의 상처, 입, 코, 눈 등을 핥으면 감염 위험이 커진다는 경고다. 개나 고양이 등 반려동물의 침 속 박테리아는 때에 따라 치명적일 수 있다. 이를 어떻게 받아들일지는 각자의 몫이다.

인간은 오랜 시간 야생동물을 길들여 함께 살아왔다. 그 과정에서 습성을 이해하고 상호작용하며 종을 넘어 친밀한 관계를 형성했다. 오늘날 반려동물과의 관계는 그 정점에 이른 듯하다. 때로는 사람보다 더 귀한 존재로 대접받는 듯한 모습도 심심찮다.

잘 먹이고, 건강검진을 주기적으로 받게 하고, 먹지 않으면 어쩔 줄 몰라 하는 모습이 TV 화면을 가득 채운다. 그 지극함이 지나쳐 보일 때도 있다.

불면의 밤에는 작은 소리도 몹시 거슬린다. 하물며 고양이 울음소리가 쇳소리처럼 들려오는 밤이면 잠을 포기해야 한다. 캣맘이 걱정되는 마음에 밥만 줄 것이 아니라, 배설물 수거와 개체 수 조절까지 함께 고민하는 것이 지속 가능한 배려가 아닐까.

그보다 더 중요한 것이 있다. 반려동물을 달가워하지 않는 이웃에 대한 배려, 그리고 같은 집에 사는 사람보다 반려동물을 먼저 대우하는 일이 없는지 스스로 돌아보는 일이다.

부조와 신뢰 사이

이태 동안의 투병 끝에 친구가 세상을 떠났다는 부음이 날아들었다. 화창한 봄날, 오랜 친구들과 웃고 떠드는 자리였다. 한자리에 모여 있던 터라 소식은 바람처럼 빠르게 퍼졌다. 잠시 정적이 흘렀다. 벚꽃은 어지럽게 흩날리고, 그 꽃잎 하나하나가 친구의 마지막 인사처럼 느껴졌다. 웃음으로 시작된 하루는 순식간에 먹먹해졌다.

그는 팔척장신의 호인이었다. 정이 많고 성정이 호탕했다. 그러나 췌암이란 녀석 앞에서는 어쩔 수 없었다. 몸은 점점 쇠약해졌지만, 마음만은 끝까지 곧았다. 고향에 눌러앉아 있으면서도 객지에 나가 살아가는 친구들과 고향을 잇는 다리가 되어 주던 사람이었다. 마땅히 조문을 가야 할 관계였지만, 피치 못할 사정으로 나는 조의금만 보내야 했다.

장례를 다녀온 한 친구가 전한 말이 오래 귓가에 맴돈다. "그 친구, 인생 잘 살았더라." 그리고는 덧붙였다. "…… 정승 죽은 데는 문상 안 간다." 짧은 문장 속에 시대의 냉정함과 인간의 온기가 함께 스며 있었다. 사람은 떠나도 세상은 남고, 그 속에서 관계의 무게는 여전히 재단된다.

장례가 끝난 다음 날, 고인의 아들이 감사 인사를 보내왔다. 연락처를 알아내기 위해 고향 친구의 도움을 받았을 것이다. 고인은 투병의 고통 속에서도 지인들에게 경조사비를 보내는 일을 잊지 않았다. 그마저도 성실히 해내던 사람. 그런데도 이번 일을 모른 체한 몇몇 이름이 입에 오르내렸다. 쓴웃음이 나왔다. 물론 모두가 그럴 수는 없겠지만, 그들의 이름이 언급된 이유를 나는 알고 있었다. 늘 그래왔던 이들이었다. 인간적인 정의情誼라는 게 있는데, 세상은 점점 그것을 잊어가는 듯하다.

요즘도 봉투를 들고 찾아온 사람의 수와 화환의 개수를 세며 상주를 평가하는 분위기가 남아 있다. 아직도 우리 사회에는 허세의 그림자가 드리워져 있다. 그래서 예식 비용을 분에 넘치게 쓰고는 장부를 펼쳐 주판알을 튕긴다. 그것이 인간관계의 결산표가 되어 버린다. 어쩔 수 없는 현실이라 하지만, 부조는 인간관계를 되돌아보는 계기이기도 하다. 가까운 사이라면 더욱 그렇다.

부조의 의미는 돈의 액수가 아니라 마음의 방향에 있다. 모른 체 할 때 배신감이 드는 것은 인지상정이다.

한 지인은 '산 정승'인 내게도 그러했다. 그 일을 계기로 나는 오랜 세월의 관계들을 곰곰이 되짚어 보았다. 사람이란 품은 생각이 결국 행동으로 드러나는 존재다. 말보다 행동이 그 사람의 진심을 증명한다. 오랜 세월, 속마음을 숨긴 채 겉으로만 아는 척하며 지내왔다는 걸 뒤늦게 깨달았다. 만날 때마다 지갑을 여는 쪽은 늘 나였다. 진심에서 우러나 한 일이었지만, 돌아보니 마음 한켠이 허하다.

큰아들이 서울에 정착한 지 벌써 25년이 넘는다. 자식들을 그쪽으로 보낸 지인들이 내 아들의 근황을 자주 물어온다. 나는 대답을 얼버무린다. 자식들끼리 얽히는 게 달갑지 않기 때문이다. 세상인심이 예전 같지 않다.

일터를 떠난 지도 오래다. 그 시절의 인연들이 드문드문 모바일 청첩장과 부고로 찾아온다. 반가움보다는 쓸쓸함이 앞선다. 때로는 인생의 중요한 순간을 한참 지나 풍문으로 듣게 되는 때도 있다. "부담될까 봐 연락을 못 드렸습니다."라는 말에 가슴이 덜컥 내려앉는다. 부담은 되지만, 그래도 나는 해야 할 도리를 다하고 있다. 그것이 사람 사는 길이라 믿기 때문이다.

며칠 전엔 낯익은 이름으로부터 한 통의 문자가 왔다. "혼주 이

○○입니다. 자녀 결혼식 자리 빛내주세요.” 모바일 청첩장의 형식도 갖추지 않았다. 전화번호를 확인해 보니 예전과 달랐다. 물론 세월이 흐르며 번호가 바뀔 수도 있다. 하지만, 그에게서 부조를 받은 기억이 없던 터라 의심이 앞섰다. 요즘 세상이 하도 험하다 보니, 스미싱 문자 경고가 떠올라 링크를 열지 않았다. 부조에도 진심이 없으면 관계는 금세 허물어진다.

세상이 달라졌다지만, 부조 문화의 뿌리는 여전히 깊다. 과거에는 직장 내 인맥이나 평판 때문에 허리가 휠 정도로 부조금을 내야 하던 시절도 있었다. 한 번에 없애기는 어렵겠지만, 다행히도 서서히 변화가 시작되고 있다. 젊은 세대는 100명 미만의 ‘스몰웨딩’을 넘어 20명 내외의 ‘마이크로 웨딩’을 선택한다. 허세를 벗어던지고 진심에 집중하려는 움직임이다. 이런 변화가 부조 문화의 악습을 자연스럽게 바꿔 줄 거라 믿는다.

첫째 아이의 결혼식과 어머니의 상을 치르며 느낀 점을 토대로, 둘째 결혼식은 간소하게 치르기로 했다. 화환은 아들과 내 직장의 수장 것, 두 개로 제한했다. ‘화환은 정중히 사절합니다.’라는 안내를 미리 전했기에 가능했다. 찾아오는 하객은 어쩔 수 없지만, 부담은 훨씬 덜했다. 장인·장모상을 당했을 때는 직장에 알리지 않았다. 청원휴가 사유란에 적으면서 자연스레 알려졌지만, 공식 공지가 아니어서 부의금을 보낸 이는 극히 적었다. 덕분에 마음이 한결 가벼워졌다. 누구에게도 부담을 주지 않았고, 내 마음도 조용히 정리되었다.

그전에는 경조사로 인해 마음이 불편한 적이 없었다. 이번 일은 여러 사정이 겹쳐 인간적 신뢰의 문제로까지 번졌다. 세월이 지나며 관계의 결이 얼마나 쉽게 달라지는지, 새삼 깨닫게 된다. 그런데도 여전히 예전처럼 만나고, 웃고, 때로는 술잔을 기울이며 사람들을 맞이할 것이다.

사람의 얼굴빛은 마음의 표정이다. 오래 묵은 응어리를 이참에 다 털어내고 싶다. 마음의 짐을 내려놓고, 조금 더 가벼운 걸음으로 남은 길을 가고 싶다.

낯선 길

내가 가는 것이 아니다. 그 길이 먼저 내게로 또박또박 걸어오는 것이다. 애벌레가 허물을 벗고 비로소 성충이 되고, 철새가 겨울을 나기 위해 남녘으로 날아간다. 그와 같이 인생에도 반드시 매듭지어야 하는 때가 찾아온다. 직장인에게는 말 그대로 일대 사건이다. 익숙한 이름표를 떼어내고 살아온 자리에서 조용히 물러나야 한다는 사실이 생각보다 더 큰 무게로 다가온다.

한 조직의 일원으로 살아온 지난 여정을 마무리해야 할 순간이다. 서운함이 먼저 달려오지만, 이내 또 다른 길을 가기 위한 신들메를 조여 매며 마음을 추스른다. 베이비붐 세대의 은퇴가 한창인 요즘, '백세 시대의 노후'라는 말은 어느새 사회의 큰 화두가 되었다. 넉넉한 이들에게는 축복이지만, 그렇지 못한 이들에게는 두려움 그 자체일 것이다. 제대로 대비하지 못한 나 역시, 피할 수 없는 열차에 몸을 실어야 하는 처지가 되어버렸다.

처음엔 차분하게 맞으리라 생각했다. 그러나 주변의 사소한 말투와 분위기, 퇴임을 앞둔 이들의 표정이 하나둘 다가오며 마음이 흔들린다. 바람에 촛불이 가늘게 떨리듯 초조와 불안이 뒤섞인다. '인생 이모작'을 어떻게 꾸려야 할지 막막하기만 하다. 그러다 우연히 손에 쥐게 된 이근후 교수의 ≪나는 죽을 때까지 재미있게 살고 싶다≫라는 책에서 잠시 숨을 고른다. 해탈이란 저런 모습일까, 싶을 만큼 마음이 평온해지는 순간도 있었다.

묻어두고 지냈던 직장 생활의 기억들이 봄볕에 기지개 켜듯 하나둘 깨어난다. 시청에서 옮겨와 보낸 후반부 20여 년. 뒤늦게 알았다. 그 시간이 얼마나 좋은 환경 속에 있었는지를. 죽어도 받들어야 할 것처럼 '에너지절약 시책'에 따르다 보니 여름은 찜통, 겨울은 시베리아 벌판 같은 사무실이었다. 그 험한 공간조차 지금은 티 한 장 남기지 않은 작은 추억으로 둥글게 굴러든다.

대구지하철 본사의 안풍진 양지에서 개나리가 샛노랗게 춤을 춘다. 하늘에 하얀 웃음을 흩뿌리던 목련은 자식 군대 보내던 어머니 마음처럼 뚝뚝 꽃잎을 떨군다. 파계승의 춘정을 닮은 라일락 향기가 벚꽃 물결 사이를 헤엄쳐 흐르고, 이팝나무는 쌀밥 한 그릇을 소복이 담아 내민다. 벌과 나비도 봄을 따 모으느라 분주하다. 여름이면 마로니에의 풍염한 잎이 관능적인 매력을 뽐내고, 가을이면 노쇠한 감나무가 홍시를 짊어진 어깨로 마지막 힘을 낸다. 사무실 옆 작은 정원은 늘 그렇게 자연의 질서대로 흐르고 있었다. 나 또한 자연의 일부임에도 혼자만 잡초처럼 솎아지는 기분에 문득 처연함이 밀려온다.

미루던 신변 정리를 한꺼번에 매듭지으려니 마음은 더 분주해진다. 손때 묻은 소품을 정리하다 가슴이 먹먹해지는 순간도 있다. 아침마다 내 책상에 차 한 잔을 올려놓던 동료에게 건넬 작은 선물도 마련했다. 동료들과의 마지막 저녁 자리를 끝내고 꽃바구니 하나 들고 집으로 돌아온다. 요즘 신경 날카로워진 내 눈빛을 읽은 아내가 얼른 받아 거실 한쪽에 놓는다. “명예로운 퇴임을 축하합니다”라는 문구 아래에서 아내의 표정이 애틋하게 흔들린다. 못내 아쉬워하는 건 오히려 아내였다. 위로해야 할 사람이 바뀐 셈이다.

마지막 출근 날. 청사 현관 계단에 첫발을 올려놓는 순간, 지금부터 밟는 모든 자리가 내 마지막 흔적이 될 것이라는 생각에 발걸음이 무거워진다. 익숙하고 정들었던 길이지만, 떠난다고 생각하니 새삼스럽게 서글프다. 속절없이 떠나는 귀양길도 아닌데 왜 이리도 가슴이 저릿한지. 남몰래 복도 끝을, 창밖을, 손잡이 하나까지도 유난히 오래 바라본다.

떠나는 뒷모습이 초라해 보일까 봐 도망치듯 사무실을 나왔다. 정작 마음은 그대로 두고, 몸만 빠져나온 듯 허전하다. 누군가 단단히 붙잡아 두었던 실이 툭 끊어진 것처럼, 넋 빠진 빈 몸만 텅 비어 있다. 작별 인사를 미처 못 한 동료들의 전화가 연달아 울린다.

"박봉이지만, 밥은 굶지 않는다."라는 말에 선택한 직장에 강산이 네 번 바뀌는 세월 동안 몸담았다. 매달 20일에 꼬박꼬박 들어오던 월급은 네 식구의 밥줄이었다. 돌아보면, 옮겨 다닌 곳마다 고맙지 않은 곳이 없었다.

살면서 잊고 지낸 수많은 기억의 편린들이 가슴속에 차곡차곡 쌓인다. 온갖 사연을 안고 지하철에 오르는 승객들을 맞이하던 내가 이제 승객이 된다. 승객들의 갈 곳을 알 바 없었듯이, 내 갈 곳 역시 알 바 없는 일이 아니겠는가. 석별의 인사는 굳이 입 밖으로 꺼내지 않아도 되는 법. 가슴 깊이 조용히 쟁여두면 될 뿐이라며 다잡는다.

"백수 대열에 가입한 걸 축하하네. 소주 한잔 어때, 나오게" 두 해 전 먼저 나간 동료가 전화기 너머로 껄껄댄다. 서로 알 바가 있었던 걸까. 그 말이, 어쩌면 이 낯선 길의 첫 이정표인지도 모르겠다.

그들은 지금

가파른 보릿고개를 넘던 시절이 이랬을까. 허기진 청춘들이 넘쳐난다. 젊은이들이 해마다 노동시장으로 쏟아져 나오지만, 그들을 품어줄 일자리는 턱없이 모자라다. 그들은 바늘구멍 같은 취업 문을 두고 제로섬 게임을 벌이고 있다.

공공 부문의 고용세습과 채용 비리 의혹이 한때 국정감사장을 도배하던 적이 있었다. 오래 누적된 구조적 불균형의 그림자였다.

요즘 취업난을 바라보면, 직장에서 인력관리 업무를 맡았던 시절이 떠오른다. 공공 부문에 인성과 적성검사가 막 도입되던 때였다. 그때 만났던 응시자들의 표정과 사연은 지금도 잊히지 않는다.

절망의 문턱에 선 청년 A

검사 시작 직전, 한 청년이 문을 두드렸다. 이미 입실이 끝났다는 신호를 보냈다. 아랑곳하지 않고 문밖에서 무릎을 꿇고 애원하다가 끝내 울음을 터뜨린다. 조용한 곳으로 데려가 등을 다독이며 사정을 들었다.

홀아버지는 병석에, 형은 허리를 다쳐 요양 중이었다. 이제 그는 형을 대신해 막노동 현장을 뛰어야 했고, 두 사람의 병구완까지 책임져야 했다. 가혹한 형벌과도 같았으리라. 그 와중에도 틈틈이 공부하여 1차 필기시험을 통과했다. 그러나 2차 시험 당일, 두 환자의 식사를 챙기느라 제시간에 도착하지 못한 것이다. 그는 절망 속에서도 누구도 원망하지 않았다. 숙명처럼 받아들이는 눈빛이었다. 돌아서는 그의 축 처진 어깨가 오래도록 눈에 밟혔다. 내가 해줄 수 있는 것이 아무것도 없다는 사실이 더욱 안타까웠다. 그의 삶이 더는 흔들리지 않기를, 그날 밤 조용히 기도했다.

온실 속의 화초 B

그는 아버지 덕분에 가산점을 받아 필기시험을 통과했고, 면접까지 마쳤다. 최종 합격자 발표 전날, 그의 아버지가 내 방을 찾아왔다. 나라에 공을 세운 사람의 자식이 당연히 합격해야 한다며 책상 옆에 앉아 버텼다. 다음 날, 명단에 그의 이름은 없었다.

조용히 있을 사람들이 아니라는 걸 예감하고 꼼꼼하게 대비하고 있었다. 그의 형이라는 사람에게서 전화가 왔다. 자신도 공직자라며, 탈락 사유를 밝히지 않으면 법적 조치를 취하겠다고 으름장을 놓았다. 그의 말을 이것저것 받아주었지만, 불합격 사유를 차마 말할 수 없었다. 그런데 그가 먼저 물었다.

"혹시 인성에 문제가 있었나요?"

"예, 그렇게 나타났습니다."

"죄송합니다. 부모님과 동생에게는 말하지 말아 주세요."

순간, 말문이 막혔다. 부모의 그늘에서 스스로를 조직하지 못한 청춘이 냉혹한 사회 경쟁 속에서 살아남기란 쉽지 않았다.

규칙을 탓한 자 C

그가 지원한 직종은 열차 기관사였다. 수많은 승객의 생명과 안전을 책임지는 자리다. 그는 적성·기능시험에서 탈락하자, 전국 모든 동종 기관에서 채택하고 있는 그 시험 기준이 잘못됐다고 생트집을 잡는다. 상급 기관과 감사기관에 진정을 넣었다. 돌아오는 대답은 한결같이 '시험 기준과 방법에 문제가 없다.'였다. 끝내 법원에다 소송까지 제기했지만, 결과는 달라지지 않았다. 패한 운동선수가 멀쩡한 경기 규칙에 딴지를 거는 격이었다. 그를 상대하느라 수많은 행정력과 시간을 허비해야 했다.

일만 원의 인성 D

전화기 너머로 고함이 들렸다. 복수 지원이 불가하다는 안내를 여러 번 했음에도, 두 군데 지원해놓고 한쪽 직렬의 응시원서료 1만 원을 돌려달라는 민원이었다. 막무가내였다. 필기시험은 통과했으나, 그는 마지막 관문을 넘지 못했다. 돈 1만 원이 그의 인성을 미리 보여준 셈이었다. 겉모습은 시험을 통과했지만, 마음의 시험은 그보다 앞서 탈락한 것이다.

그들의 얼굴이 하나둘 스쳐 간다. 한때 나 또한 구직에 갈급했던 한 사람이었다. 33개월의 군 생활을 마치고 세상으로 나왔을 때, 절벽 앞에 선 듯 막막했다. 밥벌이할 곳이 없었다. 없었다기보다 내가 원하는 자리가 없었다. 지인이 울산의 한 거대한 제조업체에 다리를 놓아 주겠다고 했을 때다. 고맙기도 했지만, 마음 한켠이 쓰렸다. '내 수준이 그 정도인가' 하는 자괴감 때문이었다. 그러나 그때의 나는 이미 다른 좌표를 마음에 그려두고 있었다.

일찍 아버지를 여의며 자의식이 빠르게 싹텄던 나는, 어디서나 밥벌이를 하고 싶지는 않았다. 모태 촌놈이지만, 다시 촌으로 돌아가 살기는 더욱 싫었다. 안정 속의 자부심, 보람이 있는 일을 원했다. 그리하여 택한 길이 공직이었다. 돌이켜보면 그 선택이 내 인생을 단단하게 붙들어준 닻이 되었다.

그들은 지금 어디에 있을까. 원하는 곳에 닻을 내렸을까, 아니면 여전히 표류하고 있을까. 혹은 그 원인을 사회구조 탓으로 돌리고 있지는 않을까. 내 머릿속에 물음표가 수없이 떠다닌다.

문득, 이런 생각이 스친다.

"그들은 지금, 여전히 청춘의 바다를 건너고 있을 것이다.

그리고 나 또한 그 물결 위에 닻을 내리지 못한 채 서 있다."

밥 나누기

직장 단위의 단체 기부에는 빠짐없이 참여했다. 하지만 개인 차원의 나눔에는 서툴렀다. 기껏해야 지하도 계단에 웅크린 이에게 동전 한 닢 건네거나, 구세군 자선냄비에 지폐 한 장 넣는 정도였다. 어지간히 친한 사이가 아니면 식탁에 마주 앉는 일조차 어색했다. 현직에 있을 때, 동료들에게는 밥값이나 술값을 종종 냈지만, 군인에게는 그럴 기회가 없었다. 마음 한켠에 작은 부채처럼 남아 있다.

깔딱고개처럼 가팔랐던 보릿고개 시절, 사람들은 이웃을 만나면 "밥 먹었느냐?"를 먼저 물었다. 단순한 인사가 아니라 서로의 안부를 챙기고 마음을 나누는 말이었다. 담 너머로 접시를 주고받으며 가난과 슬픔, 그리고 정을 함께 나누던 때였다. 오늘날에도 친한 사이에는 “언제 밥 한번 먹자”라는 인사가 남아 있다. 식탁에 마주 앉아 웃으며 마음을 풀고, 신뢰를 쌓는 일. 밥은 언제나 사람과 사람을 잇는 가장 따뜻한 매개였다.

서양의 ‘회사(company)’라는 말은 ‘빵을 함께 먹는다’라는 뜻에서 유래했다고 한다. 우리도 한솥밥을 먹는 사람을 가장 가까운 사이로 여긴다. 빵이냐, 밥이냐는 식습관의 차이일 뿐, 주식이자 관계의 상징임은 같다. 언어는 시대에 따라 변하지만, 밥을 함께 먹는 행위에 담긴 의미는 변하지 않는다. 군인들이 같은 식탁에 둘러앉아 생사고락을 함께하는 이유도 거기에 있을 것이다. 그러고 보면 군인에게 밥을 산다는 일은 단순한 식사 초대가 아니라 존중과 감사의 표현이 아닐까.

얼마 전, 한 아나운서가 식당에서 군인의 식사비를 대신 냈다는 기사를 읽었다. 그는 “군인 아저씨는 고마운 사람입니다. 전쟁이 나면 우리를 위해 목숨을 걸 분들이니까요.”라고 말했다. 그 글을 읽는 순간 오래전 기억이 되살아났다.

1970년대 후반, 대전의 한 병참부대에서 복무하던 시절이었다. 전후방 부대로 보급품을 나르는 출장길이 잦았다. 그날도 대전역 앞 식당에서 저녁을 먹고서 계산대에 갔더니, 젊은 여인이 이미 값을 치르고 사라졌다고 했다. 단골손님으로 근처 유흥가에서 일하는 분이었다고 식당 주인이 귀띔했다. 이유는 알 수 없었다. '군인이 불쌍해서였을까, 아니면 나라 지키는 일에 대한 고마움이었을까.' 밥 한 끼가 군인의 마음을 북돋웠고, 그날 밤 나는 현역임이 자랑스러웠다.

또 한 번은 전우 셋이 외박을 나왔다가 예비역 병장을 만났다. 일면식도 없는 사이였다. 그는 "군복을 보니 옛 생각이 난다"라며 우리를 문화동 소재 그의 처가로 이끌었다. 거기에서 융숭한 대접을 받고, 2차로 유성 온천 인근 신혼집까지 갔다. 부인에게는 "같은 부대 후배들"이라고 소개했다. 술상을 차려온 그분을 우리는 서슴없이 '형수님'이라고 불렀다. 주머닛돈으로 좋은 것 먹기 힘들던 군시절, 진수성찬에 거나한 채로 군 생활의 회포 한 번 마음껏 풀었다. 그 밤, 우리는 배부름보다 따뜻한 마음에 더 취했다. 그분은 지금도 내 기억 속에 '멋진 예비역 병장'으로 남아 있다.

입대하자마자 고무신 거꾸로 신는 여자는 봤다. 하지만 낯선 '군바리' 에게 대놓고 밥 사달라고 하는 여인은 처음이었다. 짙은 어둠이 깔릴 때쯤, 광주행으로 갈아타기 위해 이리역(현 익산역) 맞이방 열차시간표 앞에서 서성대던 중이었다. 아기를 업은 젊은 여인이 접근해서는 돈이 없어 열차표도 끊지 못하고 아침부터 굶었다고 한다. 우동 한 그릇 사 먹으라고 군인의 얇은 지갑에서 몇 푼 집어 줬다. 출장비 중의 일부였으니 나머지는 아껴 써야만 했다. 있어 보이는 사람들이 많은데 왜 하필 군인을 택했을까 싶었다. 한편으론 군인도 밥 한 끼 선심은 쓸 수 있어야지 하는 생각이 들었다. 하지만 세상은 언제나 따뜻하지만은 않았다.

1977년 11월 11일 밤, 이리역에서 다이너마이트를 실은 화물열차가 폭발했다. 사망 59명, 부상 1,300여 명. 호송원이 어둠을 밝히려 켜둔 초가 화근이었다. 나는 그날, 바로 그 열차의 호송 업무를 마치고 다른 역으로 떠난 직후였다. 뉴스를 보고 모골이 송연했다. 죽음이 내 곁을 스쳐 간 느낌이었다.

그 후로 귀대 길의 공기는 다르게 느껴졌다. 전우들 생각에 '배고픈 때에는 침만 삼켜도 낫다'라는 말을 떠올리며 빈손으로 들어가지는 않았다. 영내 점호가 끝나기만을 기다리며 분식집에서 찐빵이나 만두를 사 들고 들어가던 일상이 새삼 소중했다. 군대생활이 고되기보다는 외로웠던 시절이었다.

어느 날 저녁 자주 가는 분식집에서 한 아가씨와 마주 앉았다. 그녀는 부대 바로 정문 앞 모 간호대학의 학생이었다. 음식값 치른 대가로 다가오는 토요일에 부대 면회 오기로 했다. 외출·외박의 빌미를 찾아 따분한 영내를 벗어나는가 했는데 허사였다. '용돈 궁한 군바리가 큰돈 썼는데….' 그다음 주 서울에서 친구가 찾아온 바람에 '대전극장'엘 갔다. 거기서 그녀가 가슴팍에 책을 안고 친구들과 입장을 기다리고 있었다. 배신자라고 지목하면서 눈

화살을 쏘아대니 미안하다고 했다. 그냥 웃고 말았다. 그렇게 나는 두 번은 얻어먹고, 두 번은 밥값을 낸 셈이 된 걸까.

요즘은 군인을 내려다보는 사람이 있다. 그들을 세워놓고 함부로 대하는 이들을 보면 마음이 편치 않다. 국회의원은 넘치지만, 진짜 별빛은 드물다. 줄여야 할 건 의원 수이고, 늘려야 할 건 군의 사기와 존중이다. 국방력이 흔들리면 평화는 없다.

군복 입은 젊은이를 만나거든, 밥값 한 번은 먼저 계산해 주자. 그것이 나라를 지키는 이들에게 우리가 전할 수 있는 가장 따뜻한 인사 아닐까.

미끼의 기술

강태공의 부류도 참 다양하다. 인생무상을 읊조리며 강가에 찌만 던져놓고 세월을 흘려보내는 이가 있는가 하면, 와신상담하며 때를 기다리는 사람도 있다. 그런데 어느 순간부터 'SNS의 바다'에도 새로운 낚시꾼들이 출몰하기 시작했다. 뻔히 보이는 미끼인데도 나이·학력·지위에 상관없이 속수무책으로 걸려든다. 유혹은 언제나 인간의 가장 약한 곳을 노린다.

카카오스토리가 한창 인기를 끌던 시절이었다. 가족사진과 손주 자랑이 넘쳐나는, 소박하고 따뜻한 공개 마당이었다. 나도 손녀의 해맑은 웃음을 한 컷 올렸다. 잠시 일상이 무료하고 나른한 어느 날이었다. 딩동 하는 소리에 대문을 열어봤더니 "아이가 참 예쁘네요."라는 댓글이 달렸다. "별말씀을요."하고 답했을 뿐인

데, 그 사이 말문이 열렸다.

그녀는 지리산 언저리 산 높고 물 맑은 데서 식당을 운영한다고 했다. 각자 사는 곳의 중간 지점 어디쯤에서 얼굴 한번 보자는 제안까지 들어왔다. 열린 공간에서 처음 알게 된 여성의 언행이 좀 생뚱맞았다. 하지만 기분은 나쁘지 않았다. 그곳에 언젠간 한번 가 보고 싶던 터였다. 근처에 갈 기회가 있을 때 밥 먹으러 한번 들르겠다고 했다. 별스럽지 않은 일상 이야기들이 오가며 한 걸음씩 가까워지는 듯했다. 그렇게 나는 미끼 주변을 지나는 중이었다.

SNS상 프로필은 아들의 초등학교 졸업식 때 교정에서 찍은 것이었다. 닉네임을 'ㅈㅇ'으로 썼으며, 수더분한 촌부의 분위기가 물씬 풍겼다. 염소 떼가 몰려다니고, 닭들이 여기저기서 노닐고, 김장용 절임 배추를 산더미처럼 쌓아놓았다. 마당에 소형자동차도 한 대 보인다. 친정어머니로 보이는 노파도 있다. 이러한 모습들이 전원생활을 하는 것처럼 보이게 했다.

어느 삼복더위 날, 가지밭 풀을 메다 지쳐 누워있다는 메시지가 왔다. 그런데 그 뒤로 그녀의 말투는 묘하게 방향을 틀었다. 다소 관능적인 표현이 섞이더니, 얼마 지나지 않아 경계심을 간질이는 사진 한 장이 왔다. 청정 계곡에서 물을 튀기며 장난치는 짧은 영상, 모자이크 처리된 실루엣…. 인간 내면 깊숙한 곳의 동물적 충동을 슬쩍 자극하는 미묘한 냄새가 스멀거렸다. 달콤한 밑밥이었다.

어느 토요일, 대화방으로 나를 초대했다. 중요 부위의 사진을 보내달라고 한다. 그냥 장난인 줄 알고 지나쳤다. 며칠간 잠잠하더니 또 연락이 왔다. 마치 빚쟁이처럼 노골적으로 채근한다. "남자가 그렇게 자신 없느냐."라고 빈정거리며 자존심을 은근히 건드리기도 한다. 그때부터 내 눈에는 빨간 경고등이 켜졌다.

뜻대로 잘 안 돼서 그런지 무엇에 쫓기듯 불안하고 절박해 보였다. 급기야는 승부수를 던지는 건가. 자기의 민망한 사진 한 장을 내게 보냈다. 예기치 못한 상황에 화들짝 놀랐다. 식겁이라는 말은 이럴 때 쓰라고 있는 건가 싶었다. 돌이켜 보면 그것은 정교한 유혹이 아니라, 조급함에 바늘허리에 실을 매달고 덤벼드는 서투른 낚시였다. 순간적으로 차가운 소름이 돋았다. 신이 인간에게 맡긴 존엄한 부분을 그렇게 아무렇지 않게 내던지는 것, 그 자체가 눈을 돌리게 했다. 즉시 사진을 삭제하고 대화방을 닫았다. 그 뒤로 SNS는 필요한 만큼 들여다보고, 몇 곳은 아예 탈퇴해 버렸다.

그때서야 비로소 '몸캠피싱'이라는 걸 알아차렸다. 의도적으로 유도한 음란 영상 통화나 화상 채팅을 트집 잡아 금전을 갈취하는 행위가 그것이다. 얼마 전 언론에서 보니, 해마다 1만 명 이상이 그 사냥법에 걸려든다고 한다. 코로나 확산으로 집 안에 머무르며 디지털 기기를 쓰는 빈도가 높아진 시기에 더 늘었다고 한다. 10대에서 80대까지, 전문직에서 학생에 이르기까지 남녀노소 할 것 없이 다양한 직업군에서 당한다고 한다. 특히 남성 피해자들이 압도적이라고 했다. 인간의 연약한 본능을 건드려 돈을 뜯어내는 수법이 디지털시대에 부활한 것이다.

낚시는 본래 기다림과 인내의 예술이다. 오래 교감하고 신뢰를 쌓아 상대의 경계를 풀어야 비로소 미끼가 먹힌다. 그러나 그녀의 방식은 성급했고 서툴렀다. 새우 미끼를 원하는 물고기에 지렁이를 던진 격이었다. 미끼가 사라지는 순간 무엇을 느꼈을까. 아마 허탈했을 것이다. 낚시꾼이라면 최소한 물때와 조류를 읽을 줄 알아야 하는데, 기본조차 갖추지 못했다.

낚시에 걸려드는 것은 개별적인 가닥들이다. 그래서 직접 겪어봐야만 알 수 있는 거라는 생각이 들었다. 재미 삼아, 호기심에 자칫 말려들 수도 있다. 번연히 알면서도 끌려들어 가기도 한다. 그럴 때 귀신이 씌웠다고 하는 것 같다. 그 여자는 지금도 어딘가에서 밑밥을 던져놓고 찌가 흔들리는 순간만을 기다리고 있을지도 모른다. 음습한 눈으로. 한때, 공직에서 퇴직한 이의 정보만 캐고 다니는 사람이 있었다. 사건의 미끼로 쓰기 위해서. 그녀는 나를 어떤 물고기로 판단했을지 궁금하다. 미끼를 쉽게 덥석

무는 어리석은 대상으로 보았을까. 아니면, 은린옥척으로 보았을까. 이도 저도 아니면 그냥 드레질 한번 해 본 것일까.

이 일은 내게 소소하지만 중요한 '백신'이었다. 한 번 힐끔거리며 곁눈질한 것만으로도 얼굴이 화끈거렸지만, 덕분에 강력한 항체가 생겼다. 요지경 세상에서 잠깐의 호기심이 인생을 낭떠러지로 몰 수 있다는 사실을 뼈저리게 깨달았기 때문이다.

유혹의 역사는 인류의 역사만큼 오래되었다. 다만 방법만 달라졌을 뿐이다. 유혹의 기술은 언제나 상대의 빈틈을 먼저 노린다. 그날 이후 그 빈틈을 스스로 들여다보는 법을 배웠다.

오늘도 어딘가에서 누군가는 징검다리처럼 미끼를 던지고 있을 것이다. 하지만 적어도 나만큼은, 그 찌가 출렁거리는 풍경을 물끄러미 바라보는 능력을 얻었다. 무사독학으로 얻은 값진 경험, 비록 아찔했지만, 되레 단단한 방어막을 세워준 시간이었다.

묻는 마음으로 걷는다

여행은 늘 설렌다. 40여 년 동안 가슴에 품었던 곳인데 좀체 찾을 기회가 없었다. 근처를 지나칠 때마다 늘 짠하던 곳, 대전이다. 이번엔 유성온천과 계족산 일대를 둘러보는 코스다. 대전의 동쪽에 자리한 계족산은 서쪽의 계룡산과 함께 그곳의 명산으로 꼽힌다. 대전, 큰 밭에 닭이 모이를 찾아 모여든 형국이라고 한다. 산자락에 계족산성과 장동산림욕장을 품고 있다.

대전은 내가 33개월의 청춘을 바친 곳이다. 당시의 군부대가 외곽으로 옮겨간 자리에 아파트촌이 들어섰다. 상전벽해다. 아침 일찍 대구에서 출발한 관광버스가 유성온천공원에 도착한다. 유성온천은 군 시절 겨울철이면 매주 단체로 몸을 지지러 가던 곳이다. 온천욕 후 몰래 마시는 소주 한 잔이 병사에겐 커다란 위안이 되었다. 그것이 술을 배우는 계기가 되기도 했다. 고무신 거꾸로 신은 이유가 사람이 아닌 '군바리'였다는 사실을 곱씹으면서 봄이 오기를 기다리며 마음을 앙구곤 했다. 갖가지 사연을 담아 넘기던 술 한 잔이 아련한 추억으로 남는다. 족욕 재개하고 개운한 마음으로 계족산을 향한다.

장동산림욕장 입구에 도착했다. 그 유명한 황톳길이 산 중턱을 파고들면서 임도를 따라 붉게 이어진다. 사람들이 맨발로 오른편 황톳길을 걷기 시작하는데 나는 신발을 신은 채 왼쪽 길을 걷는다. 피부가 흙에 닿는 것이 탐탁지 않아서다. 얼마 못 가서 일행의 눈총에 마지못해 황톳길에 동참한다. 초등학교 6년을 황톳길 따라 고무신 신고 다녔다. 비가 오면 질퍽거리고 미끄러워서 신발을 들고 다니기도 했다. 황톳길 걷기 체험이 뭐 별거냐 싶었다. 하지만 실제로 발에 와 닿는 그 쫀득쫀득한 촉감이 유년 시절의 그것과는 확연히 달랐다.

어느덧 황톳길이 끝난 '숲속음악회장'이다. 각자가 자유로이 보고 싶은 곳을 둘러보고 되돌아와서 모일 곳이다. 자연스럽게 모인 다섯 명이 신발을 다시 꿰신고 산을 오른다. 원래는 계족산성만을 느긋하게 구경하고 내려와 음악공연을 관람할 작정이었다. 그런데 계족산성 쪽으로 진입하는 삼거리에서 주장이 센 한 사람이 나선다. 산성은 제쳐두고 다른 길로 이끈다. 일행도 열세

명으로 불어났다. 아무 의심 없이 그를 따라 걷는데 뒤쪽에서 이 길이 아닌 것 같다는 말이 들려온다. 그 말이 맞았다. 평탄한 길은 보이지 않고, 사람들의 숨소리만 산속에 퍼진다. 그때서야 아는 길이라도 묻는 마음을 잃으면, 길은 언제든 낯설어질 수 있다는 것을 깨닫는다.

사람들의 표정이 달라졌다. 누구는 그대로 가자고 하고, 어떤 이는 예전 기억을 더듬으며 다른 곳을 가리킨다. 의견이 분분해진다. "저 능선 너머가 아닐까요?" "아니요, 아까 그 삼거리에서 꺾었어야 했어요." 누군가는 목소리를 높였고, 또 누군가는 묵묵히 뒤로 물러섰다. 길을 잃은 건 우리 모두였지만, 누가 더 많이 안다고 믿는가가 오히려 길을 더 멀게 만들었다.

급경사를 한참 내려와 도착한 곳이 한 사찰이었다. 아무도 길 묻기에 나서지 않는다. 땡볕에서 허겁지겁하는 모습이 안타까웠던지 반대편으로 왔다고 보살 한 분이 일러준다. 숲속음악회장에 다시 모이기로 약속된 시간을 벌써 넘어서고 있었다. 우왕좌왕 동요하기 시작한다. 민가 부근까지 더 내려가서 택시로 최종 집결지까지 이동하자는 둥 중구난방이다. 누구도 나서기를 주저한다.

내가 나섰다. 다독거린 후에 후들거리는 다리를 이끌고 왔던 길을 다시 치오른다. 뒤처진 여성 세 명이 힘들다고 아우성친다.

내 휴대전화는 밥 달라고 소리치다가 끝내 스러진다. 빨리 하산하라는 인솔 책임자의 거친 목소리가 옆 사람의 전화기에서 들린다. 촌각을 다투는데 발걸음은 산중에 묶였다. 도중에서 만난 고로古老에게 체면 내려놓고 다시 물어 우여곡절 끝에 원래 가야 할 길목을 겨우 찾았다.

잠시 숨을 고르며 너럭바위에 앉아 땀을 식히고 있을 때, 문득 '길'이란 결국 사람의 얼굴과 닮았다는 생각이 들었다. 사소한 자만에도 금세 길을 잃고, 조금만 겸손해도 다시 길이 열린다. 그때 한 사람이 나선다. 이럴 때는 그냥 물어보면 되고, 산은 오래된 분들이 더 잘 안다고. 그 말이 어쩐지 부끄럽게 다가왔다. 정답은 이미 우리 곁에 있었는데, '아는 체'가 그 길을 가버렸다. 면면을 살펴보니 적의 기습에 겨우 목숨을 건진 고립무원의 패주병처럼 몰골이 처연하다. 바보들의 행진이었다. 길을 잃고서야 길을 알았다.

전쟁터라면 벌써 큰 화를 입었으리라. 짧았지만, 어려운 순간을 극복하는데 군 경험이 많은 도움이 됐다. 대전이라는 곳은 내게 늘 '앞서는 자'의 자질과 군대를 떠올리게 한다. 오래전 둘째 아들을 논산 육군훈련소에 입소시킬 때다. 둘째가 입소자들 인파 속으로 서서히 사라지는 모습을 보면서, 남은 가족들의 눈은 토끼 눈처럼 발갛게 물들었다. 황산벌엔 진눈깨비가 흩날리기 시작했다. 남아가 가는 길, 리더의 자질을 배워 나오기를 기원했다.

발바닥엔 갈림길과 비탈길이 만든 격전지의 지도가 화인처럼 선명했다. 한참이나 기다렸을 다른 일행의 따가운 눈총을 의식하며 종종걸음친다. 출발 버스에 오르자 오히려 박수로 맞아주는 따뜻한 위로에 휘어졌던 마음이 곧게 펴진다. 유월의 지친 햇살은 비스듬히 몸을 누이고, 머리 위로 구름이 흐른다. 공기가 청량하다.

돌아오는 버스 안에서. 자존심 내려놓고 묻는다는 건 비우는 일이고, 비운 자리에서 배움이 싹튼다는 것을 곱씹었다. 삶의 길도 다르지 않다. 안다고 믿는 순간, 배움은 멈추고 길은 흐려진다. 겸손은 결국 정확한 방향을 일러주는 든든한 나침반이었다.

지금도 나는 새로운 길에 들어서면 스스로에게 묻는다.

"진정 이 길이 맞는 걸까?"

그 물음 하나가 나를 늘, 올바른 길 위에 세워준다.

세월의 여인들

회상의 문턱에서

나이가 들어감에 아내와 옛이야기를 나누는 일이 많아졌다. 말보다 기억이 먼저 떠오르고, 그 기억의 끝에는 언제나 사람이 있었다. 지난날 가까이 지내던 둘레 사람들의 근황에 대한 것들을 자주 뒤적거린다.

1980년대 초, 연탄 냄새가 골목마다 스며 있던 시절이었다. 이웃의 대문은 반쯤 열려 있었고, 사람 냄새가 안부처럼 오갔다. 그 시절의 삶은 궁색했지만, 사람 사이의 온기는 지금보다 훨씬 따뜻했다. 사랑과 외로움, 고단함과 연민이 뒤섞인 그 시절의 정서는 한 세대의 마음을 품은 풍경이었다.

쌍과부댁 여인들

애들 키울 때의 추억과 고부간의 애환이 서린 이야기로 넘어가곤 한다. 그러다 문득 쌍 과부댁을 이르집는다. 결혼 초기 셋방살이할 때의 일이다. 당시만 해도 며느리들은 집안에서 목소리를 제대로 낼 수 없었다. 더욱이 외며느리에 대한 시어머니의 구박은 시앗 본 것처럼 심했다. 바로 앞집에 청상과부가 홀시어머니, 어린 아들과 함께 살고 있었다. 주위에선 '쌍과부댁'이라고 했다. 내려보는 사람들에게 대들듯 집 대문에 시어머니와 며느리 문패를 나란히 걸고 '과부 동맹'을 과시했다.

남편은 젊은 나이에 사고로 불귀의 객이 되었다. 황망하게 청상이 된 그녀는 2층은 집세를 놓고, 1층에서 구멍가게를 하며 생계를 유지하고 있었다. 내 집을 지니고 있다는 것만으로도 주위의 부러움을 사던 때였다. 그녀는 곱상한 모습으로 한눈에 봐도 참한 용모였다. 이십 대 후반이었던 나와 비슷한 나이다. 늘 웃음 띤 표정은 나이보다 약간 젊게 보였다. 얼굴에 그늘 같은 것은 찾아볼 수 없었다. 그것이 내 눈에는 오히려 더 이상하게 비쳤다. 그때만 해도 애들에게 술·담배 심부름시키는 것이 흠이 아니었다. 그런데도 그 집 가게엔 유독 남정네들이 허기진 것처럼 들락거리며 헛물을 켰다. 심지어 내가 사는 집의 환갑이 넘은 영감도 노추를 드러내곤 했다.

환갑 지난 시어머니는 큰 체구에 약간 험상궂은 얼굴이었다. 외동아들 잃은 아픔이 컸던지 큰 이마에는 천川 자가 새긴 듯 박혀 있었다. 어쩌다 한 번 웃는 웃음 속에는 한숨의 여운이 배어났다. 청상인 며느리의 한숨과 가슴 할퀴는 외롭고 서러운 밤을 헤아려줬던 것일까. 친정 간다는 핑계로 자주 집을 비워주면서 숨통을 틔워주곤 했다. 자신에게는 엄격하고 며느리에게는 웅숭깊은 시어머니였다. 거기에 보답하듯 며느리는 핏덩이 아들을 죽순처럼 쑥쑥 키워 그 아들은 어느새 초등학교 입학을 앞두고 있었다. 그 사연을 다 알고 나니 시어머니 인상이 너무 인자해 보였다.

젊은 며느리가 외로움을 삼키며 사는 세상, 시어머니는 그 외로움을 조금이라도 덜어주려 했던 것이리라. 그 시대의 여자들은 그렇게 말없이 서로를 이해했다. 침묵 속에서 연민을 나누고, 연민 속에서 용서를 배웠다.

또 다른 여인, 나의 아내

평소 아내는 시어머니를 모시고 살기를 바랐다. 어머니는 동생들 출가시킨 후 대구에 그대로 눌러앉아 혼자 지내고 있었다. 시부모 부양을 부담으로 여기던 세태에 지차가 모시려는 경우는 좀 드물었다.

"꼭 모셔야 할 처지가 아니면, 그만둬라."라는 주변의 만류에도 아랑곳하지 않았다. 아내는 그 바람을 하나씩 구체화해 나갔다. 우선 좀 더 넓은 평수의 아파트를 마련했다. 그런 다음 어머니 방도 준비했다는 말을 슬쩍슬쩍 흘렸다. 입주 날이 임박해지자 아내는 어머니께 이사 일정을 얘기했다. 어머니는 며칠 고민 끝에 고사했다. 형제간의 우애 등 여러 사정을 감안, 끝내 시골집으로 가고야 말았다. 당시로서는 어른다운 결정인 듯 보였다. 하지만 얼마 되지 않아 모든 것이 처음 의도와는 다른 상황으로 흘러갔다.

불행히도 2년도 채 안 돼서 쓰러졌다. 뇌졸중이었다. 뙤약볕 아래서 참깨 수확을 하던 중 갑자기 찾아든 청천벽력이었다. 양방에서 한방까지 몇 달 동안 병원 신세를 졌다. 적지 않은 병원비를 아내가 선뜻 떠안았다. 단기간에 회복 전망이 없자, 아예 우리 집에서 자리를 보전하게 됐다. 칠십 노구는 검불처럼 나날이 가벼워져 갔다. 아내는 백지장 접듯 일으켜 앉혀가며 미음을 떠먹였다. 그래서인지 정신은 멀쩡했다.

"니가 오라고 할 때 진작 여기 올걸." 하면서 촉촉이 젖어가는 눈가에 한숨을 뿌리곤 했다. 혹시 당신을 박대하지나 않을까 하는 불안심리 때문이었을까. 며느리가 밥상을 들고날 때마다 눈치를 많이 봤다. 그럴 때마다 측은한 생각에 더 잘 모시고 싶었다고 했다. 그렇게 2년 남짓 며느리에게 몸을 내맡겼다.

어머니는 양약보다는 한약에 더 의존하려 했다. 우리 시골엔 한때, 어른들 사이에서 영천에 '용한' 한의원이 있는 것으로 알려져 있었다. 찾아갔더니 아들이 가업을 이어 가고 있었다. 지푸라기라도 잡는 심정이었을까. '영천 ○한의원'이란 글씨가 적힌 한약을 머리맡에 두어야만 안심이 되는 모양이었다. 하지만 용하다는 그 한약이 효험이 있었는지는 모를 일이다.

아내는 대구에 연고가 없었다. 마음이 답답할 때 어머니께라도 털어놓으면 마음이 후련하다고 했다. 내게 못마땅한 것도 흉금을 토로하면 하소연을 다 받아주면서, "내가 조용히 불러 얘기하마."라고 했다. 고부간에 그렇게 소통했다.

자갈밭에 던져져도 살아남을 거라며 며느리를 다독이며 칭찬을 아끼지 않던 어머니. 큰손자 대학입학 면접시험 전날, 원하는 대학에 꼭 들어갈 것이라는 말을 남기고 처음 왔던 곳으로 돌아갔다. 병든 시어머니 수발은 사람을 마르게 하는 일이었다. 하지만 아내는 가끔 당신이 그리워 두 눈에 이슬이 맺힐 때가 있다.

아내도 벌써 며느리 둘을 본 시어머니다. 아이들 결혼 초기 한창 '주도권 다툼'하던 시기에 며느리가 불만을 털어놓으면,

"내가 아들 잘못 키운 것 같다. 내 아들 좀 봐주라."라고 했다.

안정기에 접어 든 요즘, 며느리들 앉혀놓고 오가는 고부간의 대화는 이렇다.

“이 집안 남자들 여자한테 결코 지는 법 없다.”

“네, 이기고 지는 게 큰 의미가 없는 것 같아요. 어머님.”

이제 우리 집 고부간에도 세 며느리 ‘삼각동맹’을 맺어야 하지 않을까. ‘왕며느리’인 어머니가 이 모습을 내려다본다면 크게 기뻐하시리라.

세월의 품, 여인의 지혜

두 여인은 서로 다른 시대를 살았지만, 그들의 내면에는 닮은 그림자가 있었다. 한 여인은 외로움을 견뎠고, 또 한 여인은 고단함을 견뎠다. 둘 다 세상으로부터 이해받지 못했지만, 그들은 삶의 무게를 스스로 받아 안으며 사랑을 지켰다. 세상을 떠받치는 힘은 거창한 논리나 화려한 말이 아니다. 조용히 하루를 이어가는 여인들의 손끝에 있다. 그 손이 밥을 짓고, 눈물을 닦고, 삶을 일구었다. 그 손끝에서 가정이 세워지고, 세월이 흐르고, 사랑이 이어졌다.

세월은 흘러도 여인의 마음은 시대를 넘어 빛난다. 그 빛이 희미해질수록, 삶은 오히려 더 깊은 색으로 물든다.

아내와 나는 오늘도 옛이야기를 나눈다. 그 속엔 외로움과 고단함, 그리고 사랑이 있다. 그것이 곧 세월의 여인들이 남긴, 가장 빛나는 유산이다.

3.

사랑, 가족, 그리고 오늘

가을바람이 스산하게 스쳐 간다. 그 바람 속에서 나는 조용히 되뇐다.
"건강해서 고맙다." 그 말 한마디에 인생의 의미가 모두 담겨 있었다.

— 〈건강해서 고맙다는 말〉 중에서

함께 가야 할 길

사북 빠진 가위처럼 허공에 서 있는 기분이다. 묵묵히 삶의 무게를 함께 들어주던 아내가 링거줄을 꽂고 병실에 누웠다. 스스로 하루 세끼 해결이 이렇게 힘든 줄 몰랐다. 입안은 사막처럼 메마르고, 목소리는 버스럭거린다. 아내의 빈자리가 크게 다가온다.

오월의 화창한 날이었다. 아내가 며칠 동안 신열로 몸이 불덩이 같다. 병원도 가지 않고 미련 떨다 상황이 급박해졌다. 서울에 있는 큰아들에게 밤늦게 증세를 얘기했다. 날이 밝으면 반드시 병원에 가야 한다기에 그렇게 하마고 전화를 끊었다. 그날 밤은 왜 그리 길던지…. 의사가 감기 끝에 찾아온 폐렴이라며 일주일간 입원하라고 한다.

가느다란 관을 따라 생명이 천천히 아내의 몸속으로 흘러 들어간다. 반 시간 정도 지났을까. “아파서 미안해요.”라고 하면서 나를 쳐다본다. 그 한 마디가 내 가슴을 찌른다. 인간의 연약함이란 무엇인지를 다시 깨닫는다. 둘이 살아도 아플 때는 혼자 아픈 법이다. 하지만 곁에서 바라보는 마음 또한 그 외로움을 함께 나눈다. 살아 있는 동안 서로를 의지하며 걸어온 이유는, 어쩌면 이런 순간을 함께 견디기 위함이었는지도 모른다.

자식들 걱정할까 봐 큰아들에게 “혼자만 알고 있으라.”라고 했다. 그런데 저녁 무렵 부산에서 사는 둘째 아들이 식구들을 데리고 불쑥 들이닥쳤다. 병실 문이 열리며 “할머니!”하고 달려드는 손주들의 목소리에 아내의 얼굴이 환하게 밝아진다. 병실의 희미한 형광등 아래서도 그 미소는 한 줄기 햇살 같다. 링거 바늘이 꽂힌 손으로 아이들의 머리를 쓰다듬던 아내의 눈빛에는 고통보다 생의 온기가 더 짙게 배어 있었다.

그 모습을 바라보며 오래전 기억 한 토막을 떠올렸다. 아이들 중학생 시절, 영어·수학 과목은 개인과외나 사설학원에서 고교과정을 선행학습하는 경우가 많았다. 아내는 생활비 아끼려고 ≪수학의 정석≫을 손수 들었다. 아이들이 잠든 밤이면 부엌 등 하나 켜 놓고 다음 날 풀 문제를 미리 검토하던 그 사람. 그때의 그녀는 가족이라는 방정식을 누구보다 성실하게 풀어내던 삶의 선생이었다.

이제는 그 손으로 수학책 대신 링거줄을 잡고 있지만, 아내는 여전히 우리 가족의 중심에 서 있다. 내가 할 수 있는 일이라곤 물컵을 들어주고, 담요를 덮어주는 일뿐이다. 하지만 그 단순한 행위 속에서도 삶의 깊은 의미를 보았다. 함께 늙는다는 것은, 서로의 무게를 번갈아 들어주는 일이다. 젊을 땐 몰랐다. 인생의 동반자란 기쁨을 나누는 사람만이 아니라, 아픔을 함께 견디는 존재라는 것을.

병실 의자에 앉아 창밖을 본다. 밤하늘에 수많은 별이 떠 있다. 문득 그런 생각이 든다. 사람의 생도 별빛과 같아서, 멀리서 보면 미미하지만 서로의 어둠 속에서 빛이 되어준다. 우리는 서로의 그림자를 더듬으며 살아간다. 한쪽 날개가 다치면 다른 쪽이 더 크게 퍼덕인다. 그렇게 해서라도 균형을 잡아야 다시 날 수 있다.

헝클어진 상황이 제 자리를 찾아가고 있었지만, 아내의 빈자리가 하나둘 드러난다. 우선 아내가 꾸려가던 일의 구멍이 가장 커 보인다. 직원 혼자서 감당은 역부족이지만, 직장에만 매여 있던 내가 할 줄 아는 게 아무것도 없다. 삶의 쫓김에서 놓여나고, 가정사에서 한 발짝 물러나서 보니 역할 뒤바뀐 게 보인다. 나의 퇴직 이후 삶까지 한발 앞서 준비해왔던 아내가 집안의 대들보였고, 나는 서까래에 지나지 않았다.

퇴원 보름 만에 복통으로 또다시 병원을 찾았다. 위염이었다. 입원하라는 말은 없어 안도했으나, 처방 약 부작용으로 사흘간 비몽사몽 했다. 악몽이었다. 지난해에 이어 올해도 서울까지 왕래하면서 아들한테 직접 어깨통증 치료를 받았다. 몇 차례 병원 신세를 지더니 심약해진 것인가. 자식한테 기대지 않는 것이 생활신조였는데…. 어느새 그것을 서서히 허물고, 소경이 지팡이에 의지하듯 한다.

오래전 애들이 “어머니 닮은 여자를 아내로 맞을 겁니다.”라고 했던 말이 문득 떠오른다. 그런 짝을 얻었는지는 모르지만, 저희끼리 잘사는 것 같다. 공기의 고마움을 모른 채 살 듯이 한 이불 덮고 사는 사람의 소중함을 몰랐다. 이제야 그것을 깨달았으니 철이 들어가는 모양이다.

아내의 손을 꼭 잡았다. 손끝이 아직 따뜻하다. 그 온기는 오히려 아내가 내게 보내는 말보다 깊은 위로였다.

“아직 우리, 함께 가야 할 길이 많이 남았어.”

아내는 내 말에 고개를 천천히 끄덕였다. 그 순간 알았다. 사랑이란 거창한 어떤 것이 아니라, 이처럼 아픈 날에도 서로의 손을 놓지 않는 일이라는 것을.

삶의 끝은 아직 저 멀리 있다. 서로의 걸음을 놓지 않는 한, 오늘의 병실 또한 삶의 한 구절에 지나지 않으리라.

건강해서 고맙다는 말

머릿속에서 소용돌이가 일어나고 있다. 쿵쿵쿵…. 그러다가 감미로운 클래식 선율이 흐른다. 이어서 알아들을 수도 없는 잔잔한 멘트가 나온다. MRA 장비 안에서의 일이다. 검진 가기 전부터 결과를 기다리는 순간까지 몇 번에 걸쳐 마음은 강물처럼 출렁거렸다.

지난 연말이었다. 앉았다 일어서는 순간, 갑자기 세상이 빙글 돌았다. 아내에게 말했더니, "좀처럼 아프단 말 안 하는 양반이…." 아내의 얼굴이 금세 어두워진다. 정밀 검진한 지도 오래라, 일단 검사 한번 해보자는 아들의 연락이 왔다. 어지럼증이 잦은 아내와 함께 가기로 했다.

검진 일정 잡혔다는 말에 오히려 덜컥 겁이 났다. 몇 년 전 좋지 않은 기억 때문이다. 혈관 조영제를 맞고 봄바람에 들불 번지듯 온몸이 뜨거워져 한바탕 소동을 일으켰다. 하지만 이번 검사는 전번과 다르다며 안심하라고 한다. 예약 시간에 맞추려니 아침 7시 이전에 출발해야 했다. 며칠 전, 군위 근처 상주-영덕고속도로 위에서 노면 살얼음 교통사고로 많은 사람이 다치는 사고가 났다. 그 생각에 서울까지 어느 경로를 택해야 할지 머릿속이 복잡했다. 현기증이 사라지자 가지 않을 핑계를 찾기도 했다.

병원에 도착하자 곧바로 뇌 MRA 검사실로 안내받았다. 환자복으로 갈아입고 검진 요원 앞에 선다. 몇 가지 주의사항을 일러주면서 정밀검사라 40분 정도 걸린다고 한다. 그 말이 유난히 길게 들렸다. 둥근 미끄럼틀 같은 장비 안으로 몸이 서서히 빨려 들어간다. 마치 고래 입속으로 큰 물고기가 빨려 들어가는 것 같다. 답답해서 벌떡 일어나고 싶다. 귀마개를 착용했는데도 쿵쿵거리는 기계음이 어수선한 마음을 헤집는다. 눈만 감고 있으면 되는 줄 알았는데, 수면 검사가 아니었다. 과연 이 통속에서 끝까지 견뎌낼 수 있을까. 아내는 또 어떻게 버틸까. 그때 불현듯 스치는 생각 하나가 있었다. '이것도 못 견디면 손주 녀석들한테 조롱거리가 되겠지.' 상황의 반전이 불가능했기에 마음을 고쳐먹기로 했다. 나 자신에게 최면을 걸어본다.

사실, 알게 모르게 내게 폐소 공포증이 와 있었다. 2000년대 초반 작은아들 입대 직전, 가족 여행 중 '성류굴'에 들어갔을 때다. 입구에서 20m쯤 걸음을 옮겼는데 가슴이 답답하고 숨쉬기조차 힘들었다. 가족들 두고 혼자 뒤돌아 나왔다. 창피했다. 오래전 내가 두어 번 즐기면서까지 다녀온 곳이 아니었던가. 이런 몸의 변화가 언제부터 시작되었는지 곰곰이 짚어보았다. 한때 심신이 피폐해진 상태로 큰 파도를 버겁게 넘던 적이 있었다. 대입 수험생 뒷바라지, 어머니의 병구완에다 안면 마비증까지 달려들어 삶을 한바탕 뒤흔들었다. 그 틈새로 불안이 스며들지 않았을까 싶다. 몸의 균형이 무너질 때, 마음이 먼저 흔들리고, 그 흔들림이 다시 몸을 갉아 먹는다.

검사가 끝나고 아들 책상 앞에 환자로 앉았다. MRA 영상을 컴퓨터에 띄워놓고 마우스를 이리저리 끌고 다닌다. 아들의 입만 쳐다본다. 입가에 살짝 미소가 스치는 것을 보고서, 난 이미 결과를 짐작했다. 잠시 후 "어머니의 뇌 속이 아주 깨끗합니다."라는 말에 안도했다. 맘속으로 나보다 아내 건강을 더 염려했던 터였다. 다음은 내 차례다. "아버지도 문제없어요."라는 말을 듣는 순간 다행이구나, 여겼다. 하지만 '아주 깨끗함'과 '문제없음'의 뉘앙스에는 미세한 차이가 있는 것 아닌가. 그것이 괜스레 마음에 남았다. 아들이 제짝을 만나 둥지를 튼 후로는 이렇게 셋이 만날 기회가 없었다. 점심상 앞에 놓고 오순도순 정담을 나누고 싶었는데, 아내가 속이 불편하다고 하는 바람에 빈속으로 하행 고속도로에 올랐다.

도중에 아들이 "두 분 다 건강하셔서 고맙습니다."라는 문자를 보내왔다. 아내에게도, 나 자신에게도 그저 고맙다는 생각이 들었다. 이런저런 얘기 끝에 언젠가 하고 싶었던 연명 치료 얘기를 화두로 던졌다.

"연명 치료는 난 반대야."

내가 먼저 말을 꺼내자 아내가 웃으면서 말했다.

"당신의 마지막은 내가 결정할 거야. 쓸데없는 소리는…."

물론 내가 먼저 간다는 행복한 전제가 깔린 말이었다. 약물 주머니를 주렁주렁 매달고 누워서 세월만 뻐끔뻐끔 잡아먹는 것이 의미 있는 삶일까. 그것이 가족에게 너무 가혹한 짐을 지우는 것은 아닐까. 요즘 이런 생각을 부쩍 많이 하게 된다.

기력이 다한 해가 서산마루를 힘겹게 넘어가고 있다. 무릇 인생이란, 저승행 일엽편주에 실려 속수무책으로 흘러가는 여정이 아닐까. 유기체가 왔던 곳으로 되돌아가는 것은 숙명이라지만, 인간만이 그 사실을 지각하기에 더 힘겹다. 아득하고 추상적인 개념에 지나지 않았던 '죽음'이란 말이 병원 들락거리면서 구체적 의미로 다가온다. 마치 소풍 가듯 이승을 훌쩍 떠나는 고승·대덕이 참 부럽다는 생각이 든다. 그렇게 담담하게 받아들일 수는 없을지라도, 그것을 어떻게 이해하고 마주할 것인가에 관해 천착해보리라.

거동이 힘든 환자를 감당하기에 벅차 요양시설로 보낸다. 그것을 당연한 일로 받아들이는 사회적 분위기가 아직 성숙하지 않은 것 같다. 시설에 들어가는 것 자체를 버려지는 것으로 인식한 나머지 가족의 눈치를 살피고 불안해한다. "늙고 병든 몸엔 눈먼 새도 앉지 않는다."라고 했던가. 맡겨놓은 후로 찾는 발길이 점점 뜸해진다면, 환자 처지에서는 그렇게 생각할 수밖에 없을 것이다. 컨베이어벨트에 실린 연탄처럼 계속 흘러가는 데 뻗대봐야 소용없는 일임을 알면서도…. 집착을 버리고, 순리에 따르겠다는 신념을 다지는 법을 터득한 수도자는 알고 있지 않을까. 그의 겉옷이라도 한번 걸쳐보고 싶은 심정이 들 때가 있다.

가장 힘겨운 순간을 위해 동아줄 하나쯤은 필요하지 않을까. 내 어머니는 생의 끝자락에서 종교적 절대자에게 많이 의지했다. 아마도 그것이 다음 세상으로 들어가는 데 한층 수월했으리라. 삶이 백지장처럼 얇아져, 남겨진 세계가 확연히 작아지기 전에 나도 그런 줄 하나를 마련해야겠는데 생각에만 머문다.

어릴 때는 공부 잘하는 것이 부모를 기쁘게 하는 일이었다. 이제는 건강하게 살아 있는 것이 자식을 기쁘게 하는 일이다. "건강해서 고맙다."라는 말을 뒤집어 보면, 자식의 짐을 덜어주는 것이

어떤 것인지 자명해진다. 또한 그 말속에는, 서로가 서로의 짐을 덜어주는 인생의 품격이 숨어 있다.

가을바람이 스산하게 스쳐 간다. 그 바람 속에서 나는 조용히 되뇐다.

"건강해서 고맙다."

그 말 한마디에 인생의 의미가 모두 담겨 있었다.

불씨

아내의 건강에 또다시 적신호가 들어왔다. 예전에는 잠깐 스쳐 지나가던 경고음이었지만, 이제는 그 불빛이 길게 머물며 우리의 걸음을 붙잡는다. 체질이 약해서 그렇다며 스스로를 안심시키던 때도 있었지만, 이제는 그 말로는 더는 마음이 진정되지 않는다. 나이의 임계치 앞에서 몸은 가장 정직한 언어로 신호를 보내기 마련이다.

우리는 줄곧 귀촌을 꿈꾸어 왔다. 하지만 그 꿈은 바쁜 도시의 시간 속에서 늘 미뤄지기만 했다. 새로운 길은 언제나 설렘과 위험을 동시에 안고 온다. 준비된 사람에게는 기회가 되지만, 준비가 덜 된 사람에게는 부담이 된다.

공직에서 한솥밥 먹던 한 지인은 정년을 2년 남기고 명퇴를 선택했다. 부부가 함께 귀농해 살기 위해서였다. 그는 농업을 전공해 농사에 익숙했고, 의성에 땅을 조금씩 매입하며 착실히 준비해 왔다. 사과밭을 갈아엎고 복숭아나무를 심는 작업은 그가 새 삶으로 건너가는 상징 같은 일이었다. 텃밭에서는 고추와 배추를 길러 친지들에게 나누어 주었다.

귀농 2년 차 겨울, 그의 집을 찾았을 때 귀농 일지를 꺼내 보이던 모습이 떠오른다. 오전에는 이웃 농가의 바쁜 일을 도우며 품앗이를 하고, 오후에는 자신의 일을 챙겼다. 때로는 어촌에서 가져온 폐그물을 함께 설치하며 조류 피해를 막았고, 저녁이면 이웃을 불러 막걸리를 나누며 고스톱을 치기도 했다. 그렇게 그는 시골이라는 곡선의 리듬에 점차 자신을 맞춰나가고 있었다. 시간이 흐르면서 그는 대구로 거처를 옮기고, 농사철에만 내려가 지내는 여유까지 생겼다.

우리 부부가 원하는 삶은 그보다 덜 적극적이고, 더 소박한 '시골살이'에 가깝다. 작은 텃밭 하나와 한가한 풍경, 그리고 자연의 숨결이 닿는 어느 자리. 그런데 귀촌은 대개 남편이 먼저 원하고 아내가 머뭇거리는 경우가 많다는데, 우리는 그 반대였다.

아내는 시골에서 초등학교 5학년까지 살다가 서울로 올라와 줄곧 도시에서 살았다. 그런데도 시골의 풍경과 냄새, 고요와 풍요를 늘 그리워했다. 건강 때문인지, 아니면 유년 시절의 따스한 기억 때문인지는 알 수 없다. 나는 시골의 현실을 누구보다 잘 알고 있기에 낭만만 보고 결정해서는 안 된다고 수없이 말했다. 황금빛이 출렁이는 들판은 아름답지만, 그 뒤에는 한여름의 뙤약볕, 논두렁에 주저앉고 싶을 만큼 버거웠던 노동의 시간이 숨겨져 있다.

하지만 시골에는 또 다른 얼굴이 있다. 새벽을 깨우는 새소리, 바람결에 흔들리는 감나무 잎사귀, 일과를 끝내고 붉은 노을을 바라보며 마음을 내려놓을 수 있는 평온함. 아내가 그리워한 건 아마도 바로 그 낭만의 '다른 얼굴'이었을 것이다.

도시는 언제나 바쁘다. 신호등 하나에도 마음이 들쑥날쑥하고, 엘리베이터의 숫자 변화에도 조급함이 느껴진다. 시골에서는 시간의 결이 다르게 흘러간다. 이른 새벽 새들의 울음소리가 어둠을 밀어내고, 텃밭의 이슬은 햇살을 받으며 조금씩 사라진다. 바람과 매미 소리, 들판을 건너오는 저녁 해… 이 모든 풍경은 말없는 언어로 마음을 어루만진다. 그 속에서 남편이 "우리가 이만하면 잘 살아온 거지?"라고 말하면 아내가 잔잔히 미소 짓는다. 삶이 고단했던 날들을 건너뛰어 손주 이야기로 슬쩍 화제를 돌리는 장면도 정겹다.

시골살이는 낭만만으로 지속되지 않는다. 집성촌은 해체되고, 외지인들은 늘어나며 공동체의 온기와 배타성이 뒤섞인다. 고령

층이 대부분이라 생활방식이나 가치관의 간극도 크다. 도시에서 이어온 인간관계는 끊어지고, 새로운 공동체에 스며들지 못하면 외로움과 고립감이 찾아온다. "농사철에는 귀신도 부려 쓴다."라는 말처럼 혼자 편히 지내기만 하는 시골살이는 존재하지 않는다. 이런 이유로 나는 늘 귀촌을 망설였다.

TV 프로그램 〈특종 세상〉에서 사별 후 혼자가 된 이들의 삶을 지켜볼 때면 마음이 유난히 먹먹해진다. 배우자를 잃은 뒤 느끼는 상실감의 깊이는 대체로 남성이 더 짙다고 한다. 회한의 눈물을 쏟는 모습에서 나 역시 언젠가 마주할지 모를 두려움이 스며든다.

그런 탓일까. 한동안 잠잠하던 시골살이의 불씨가 다시 타올랐다. 아내가 며칠간 앓아누웠다. 존재의 토대를 받치던 기둥이 흔들리는 듯했다. 시골로 가자고 조급하게 말했을 때 아내가 동의는 했지만, 그 눈빛에는 전보다 열기가 덜했다.

지금 사는 곳에서 한 시간쯤 떨어진 곳부터 먼 지역까지, 텃밭이 딸린 주택들을 수없이 둘러보았다. 전원주택은 비싸고 대부분 외딴곳에 있었다. 농가주택은 구조가 낡아 보수할 비용이 만만치 않았다.

끝내 중요한 것은 '거리'가 아니라 '환경'이라는 결론에 이르렀다. 산 좋고 물 좋은 곳이라면 마음이 기댈 자리가 될 것으로 생각했다. 멀리 떨어진 곳의 깨끗한 집 한 채가 눈에 띄었다. "효자 아들이 노부모를 도시로 모시고 가서 내놓는다."라는 사연이 붙어 있었다. 의료와 교통 문제 때문이었을까. 시골집이 팔기 어렵다는 말이 문득 실감이 났다.

며칠간 나는 장염으로 크게 고생했고, 이어 비염이 심해졌다. 하지만 도시에서는 병원에 가면 금방 안정을 찾을 수 있었다. 당연하다고 여겼던 도시의 편리함이 새삼 고마웠다. 아내도 회복 기미가 보였지만, 앞으로 병원을 들락거릴 일은 점점 많아질 것이다. 서둘러 시작한 시골살이 탐색은 실행에 옮기지 못하고 내 마음속으로만 접혀 들어갔다.

작은 불씨 하나는 여전히 꺼지지 않고 남아 있다. 간절히 원하는 것일수록 손에 쥐기 어려운 법이다. 그 불씨가 다시 언제 타오를지는 알 수 없지만, 삶은 언제나 그 가능성을 조용히 품고 살아가는 일인지도 모른다.

꿈은 해몽이다

삶이란 때로 팍팍할 때도 있다. 승자만이 모든 것을 차지하는 치열한 경쟁에서 자칫 밀려날 수 있다는 불안감이 가슴을 짓누른다. 사회적 상호작용으로 인해 좌절도 겪는다. 미래에 대한 불확실성이 점점 커지는 시대다. 이럴 때 한 번씩 마음을 비빌 언덕을 찾기도 하고, 어떤 이들은 복권 같은 요행을 바라기도 한다.

인류는 오랜 옛날 천둥과 번개 속에서 초자연적 존재를 찾았다. 그것이 종교의 시원이라 했다. 달에 발을 내디딘 지 반세기가 넘고, 화성에 탐사선을 보내는 시대지만, 개인의 마음은 오히려 더 파편화되었다. 소외와 우울, 불안의 그늘에서 허덕이는 현실 속에서 여전히 점집을 찾는 사람이 많다. 심리상담가도, 정신과 의사도 있는데 말이다.

예전엔 '용하다'라는 점집이 인기였다. 시각장애인이 운영하는 곳은 '소경집'이라 불렸고, 더 신통하다는 소문이 돌았다. 세월이 흘러 무속이나 점술의 전통은 '역술원'이라 이름을 바꿔 세련된 옷을 입었다. 요즘은 사이버 공간 속에서도 역술원이 성업 중이다. 사업·재물운, 취업·결혼운, 작명과 개명 등 이유도 다양하다.

초등학교 5학년 무렵, 점집에 다녀온 어머니가 내게 말했다.

"니는 평생 글로 먹고산다 카드라."

촌놈이 글로 먹고산다는 건 땅에 코를 박지 않고 산다는 뜻이었다. 1960년대 후반, 농촌 인구가 전체의 60%에 육박하던 시절이었다. 어머니는 아마도 나의 '떡잎'을 보고 공부를 시켜야겠다고 마음먹었던 듯하다. 평소 사주나 운명론에 심드렁했던 나도, 돌아보면 마치 예정된 길을 걸어온 것 같은 생각이 든다.

아내는 종교적 신념과 별개로 사주 상담을 자주 받았다. 매출이 떨어질 때 사업운을 보고, 아이들 건강과 취업운도 물었다. 큰아들은 의사로서 건강운, 둘째는 공무원 시험의 합격운이 관심사였다. 철학관에서 일러준 연도에 정말 합격했을 때, 아내는 '신통하다'라며 웃었다. "보는 김에 남편 것도…" 하다 보니 내 승진운도 맞췄다며 기뻐했다. 믿음 반, 의심 반이었지만 경험해보니 신기한 구석이 있었다.

1980년대 초, 경산에서 공직 생활을 할 때였다. 직원들이 점심

시간에 잠깐씩 자리를 비우곤 했다. 무꾸리하고 온 것이었다. 등 떠밀리듯 따라간 그곳은 허름한 식당의 뒷방이었다. 남루한 중년 남자가 사주와 관상을 봐주었다. 태어난 시각을 묻고 몇 자를 긁적이더니, 사주 관상이 아주 좋다는 말끝에 "주사는 50이 되면 홍복이 올 것이다."라고 한다. 그리고 아버지와의 이른 이별, 학업 수준과 장인의 직업, 복부의 수술 자국까지 알아맞혔다. 소름이 끼쳤다. 복채는 2천 원이라 했다. 잔돈이 없어 5천 권원을 내밀자 거스름돈을 주지 않았다. "좋은 사주에 복채를 아끼면 효험이 사라진다"라는 이유였다. 참, 남의 주머니 터는 재주만큼은 용했다.

아내의 고모는 우리 혼사를 주선한 뒤 판수를 찾아가 궁합을 봤다. "백년해로할 좋은 궁합이며, 50에는 떵떵거리고 산다." 그 말에 혼사를 밀어붙였다고 한다. 생각해보면, 결혼 후 큰 풍파 없이 살아왔다. 인생의 논밭에서 좋은 열매를 얻기 위해 부지런히 김매기를 했을 뿐이다. 결국 '50이 되면 복이 온다'는 건 노력의 결실이란 뜻 아니었을까.

다만 그 말을 뒤집으면, 그전엔 위기가 올 수도 있다는 뜻이기도 했다. 미래는 지나고 봐야 알 일이다. 좋은 사주라 해서 감나무 밑에 누워 입만 벌리고 있었다면 아무 일도 일어나지 않았을 것이다. 꿈도 꾸기 전에 해몽부터 하는 격이다. 사주는 고정된 운명이 아니라, 해석하고 극복하는 의지의 문제였다.

지천명이 되기 전에 '사건'이 하나 있었다. 아주 강력했다. 시간이 흐르면 반드시 닥치고야 말 일이었다. 지금처럼 출생신고를 제때 잘 하지 않던 시절 탓이었다. 영아 사망률이 높아, 생존이 확실해진 뒤에야 출생신고를 하는 경우가 큰 원인이었다. 친구들이나 주위를 보면 실제 나이보다 한두 살, 심지어는 세 살까지 적게 되어 있는 경우를 흔하게 봐 왔다. 나는 1년 빠르게 신고되어 있었다.

그로 인해 병역 문제가 꼬였고, 인생의 밑그림을 그리기도 전에 입대해야 했다. 파종 시기를 놓친 작물처럼 성장의 박자가 어긋났다. 삶이 온통 쑥대밭이었다. 하지만 절망이 곧 병이 되지 않도록 다짐했다. "쑥대도 삼밭에서 자라면 곧아진다." 역경도 나의 일부라 여겼다. 그때부터 내 안의 잠재력을 찾기 시작했다. 남탓하지 않고, 긍정의 눈으로 세상을 마주했다. 구부러졌던 삶이 조금씩 직선으로 수렴했다. 스쳐 가는 바람에도 상처는 덧나는 법이다. 그럴 때면 "정년퇴직을 가불했다."라고 넋두리하곤 한다. 아내는 식구들 먹여 살리느라 고생했으니 일찍 쉬라는 의미라고 다독거린다. 꿈보다 해몽이 좋구나, 싶었다.

점괘든 현실의 시련이든 해석하기 나름이다. 가슴이 조이고 머릿속에 황무지가 펼쳐질 때 굿판을 벌이거나, 부적을 지니면 마음이 한결 가벼워진다는 이도 있다. 일종의 플라세보 효과이리라.

악몽이든 길몽이든, 인생은 "꿈보다 해몽"에 달려 있다.

야인으로 돌아와

들판에서 절로 피어 더 고운 꽃이 있다. 들풀은 자유까지 만끽한다. 야생이 좋아 집을 나간 녀석들이 들개가 되고, 길고양이가 된다. 사람도 직장이란 울타리를 벗어나면 야인이다. 인간도, 동물도 그들 핏속에 야성의 먼 흔적들이 끈적거리고 있다. 그래서 가두리를 벗어나고 싶은 충동이 인다.

마흔 해가 가까운 세월 동안 조직의 틀 안에서 살아왔다. 출근과 회의, 보고와 결재의 연속. 하루의 끝은 늘 '내일 해야 할 일'의 목록으로 마무리되었다. 그 울타리 안에서 이름보다 직함으로 불렸다. 어느새 생각하는 방식도 말투도 조직의 색으로 물들어 있었다. 그곳에는 규율이 있었고, 속도와 효율이 있었다. 그 틀 안에서 내 몫을 다하며 살았다. 이제 성취보다 존재의 의미를 묻는다. 남이 주는 명함이 아닌, 스스로에게 건네는 이름을 찾아가고 있다.

마지막으로 손 흔들며 떠나왔던 곳, 대구지하철. 지적장애를 앓는 한 방화범에 의해 저질러진 큰 사고 당시 구성원 전체가 '죽일 놈들'로 집단 매도되었다. 그 충격은 단단한 응어리가 되어 늘 마음 한편에 똬리를 틀고 있었다. 더욱이 언론은 해마다 그때가 돌아오면 그것을 상기시켰고 매질을 가했다. 그럴 때마다 가슴은 다시 할퀴어 생채기가 덧났고, 잔뜩 주눅이 들었다. 응어리가 빨리 사그라지기를, 또다시 같은 사고가 없기를 늘 기도하는 심정으로 사고 이후의 직장생활을 이어왔다. 세월이 약이라고 했던가. 그 트라우마도 시간 속에 서서히 바래져서 갔고, 야인이 됨과 동시에 그 멍에로부터 어느 정도 벗어난 기분이다. 마음이 깃털처럼 가볍다. 그 질서의 바깥에 서 낯선 자유의 공기를 조심스레 들이마시고 있다.

사회적 존재로서 어딘가에 소속되어 있을 때 그 관계 속에서 안정감을 찾고 행복을 느낀다. 하지만 누구나 일정한 나이에 이르면 그 소속의 쓰임에서 내몰리게 된다. 대개 남성들은 야인이 되면 '가정의 소속'으로 들어간다. 그동안 가정에서 우월적 지위를 누렸거나, 간 큰 남자였다면 꽁무니를 사리는 처지로 바뀐다. 집에서 시간만 죽이며, 세끼를 꼬박꼬박 챙겨 먹는 '삼식이'로 변한다. "노는 것도 하루 이틀이지…."라면서 가족과 사회 관계망에서 소외되지 않으려면 새로운 일자리를 찾아야 한다고 말하는 이들도 있다. 하지만 그게 쉬운 일은 아니다.

세상일이란 원하는 대로만 되어 가는 것이 아닌 것 같다. 뜻하지 않은 방향으로 흐르는 경우가 적지 않다. 늘그막에 무리한 욕심 부리다 건강을 해치는 사례도 목격했다. 마음을 비우고 물 흘러가듯 살 수는 없는 것일까. 순리에 따르는 것이 마음을 비우는 시작이리라. 직장의 울타리를 벗어날 때쯤이었다. 같이 일 좀 해보자고 들어 온 제의를 뿌리치고 서둘러 야인으로 돌아왔다. 또다시 제도권의 울타리 안에 갇히는 것이 싫었다. 나만의 삶의 정원을 가꾸고 싶었다.

밥벌이를 떠난 나의 소속은 '아내의 품'이다. 문밖에서의 삶에 익숙했다. 한때는 '실장님'으로 불리며, 일로 얽힌 질서 안에 있었다. 그러다 세상이 나를 부르지 않자 문득 길을 잃은 사람처럼 우두커니 서 있었다. 그때, 문을 열어 맞이하던 아내의 미소가 나를 붙잡았다. 이제 조용히 서로의 호흡에 귀 기울이며 함께 밥을 차리고, 차를 마신다. 서로 말은 많지 않지만, 그 고요 속에 오랜 동행의 언어가 스며 있다. 그의 손끝에서 밥 냄새가 나고, 그의 눈빛에서 계절이 지나간다. 말이 엇갈리고, 침묵이 길어지는 날도 있다. 하지만 이제는 안다. 사랑은 이해보다 존중의 거리를 지키는 일임을. 서로의 고요를 방해하지 않으면서, 서로의 존재를 인정하는 그 거리에 진짜 평화가 깃든다. 더는 세상 속에 있지 않다. 한 사람의 품 안에서 나를 찾는다. 아내의 눈빛 안에서 다시 '소속'을 배운다. 그것은 구속이 아닌, 가장 따뜻한 형태의 귀속이다.

아이들이 모두 집을 떠났다. 빈 둥지는 조용하고, 식탁의 의자는 두 개만 남았다. 떠들썩하던 저녁이 고요하다. 처음엔 그것이 허전했다. 시간이 지나자 그 고요가 나를 감쌌다. 그것은 외로움이 아니라 돌아옴의 시간이었다. 오랫동안 부모라는 이름으로 살았다. 자식의 미래를 걱정하고, 그들의 선택을 조언했다. 조언이 아니라 강요도 있었다. 그들의 행복을 내 행복이라 여겼다. 다행히 뜻에 잘 따라준 두 아들이 고맙다. 부모의 역할에 몰두하다 보니 내 안의 한 인간은 점점 작아졌다. 아이들이 제 갈 길을 가기 시작하자, 나는 문득 깨달았다. 부모의 역할이 끝난다는 것은 한 인간으로 돌아갈 기회가 열린다는 것임을. 이제 다시 나를 돌아볼 시간을 얻었다. 자식들은 자신들의 세계를 만들어간다. 그들이 살아가는 모습을 지켜보는 일만으로도 충분하다.

긴장한 채 항상 대기 상태로 살아왔던 날들이 많았다. 그러다 어느 순간, 무장 해제당한 것 같은 상태를 맞았다. 그렇게 되고 보니 퇴물로 취급받지나 않을까, 하는 생각도 들었다. 한동안 허허롭고 불안했으나 이제는 안정을 되찾은 기분이다. '삼식이' 취급은 받지 않으니 찬밥 신세는 아닌 것 같다. 오히려 마음 다칠까 봐 전보다 더 많은 배려를 받는 느낌이다. 그래서 지금의 내 삶이 초라하다거나 남루하다는 생각은 없다.

돌아보니 자식에 대한 지나친 욕심과 팍팍한 조직 생활, 그리고 물질적 풍요를 쫓아 아등바등 살아왔다. 이따금 지나온 날들이 덧없다는 생각이 들 때도 있다. 그동안 못다 이룬 것에 대해 아쉬움과 회한도 있지만, 나름대로 열심히 살아온 날들에 대한 보람과 애틋함이 교차하기도 한다.

요즘 자주 걷는다. 목적이 있는 걸음이 아니라, 생각이 있는 걸음이다. 길가의 기화요초가 낯설 만큼 아름답다. 그 작은 생명이 얼마나 묵묵히 제자리를 지켜왔던가. 이제야 그것에 눈길을 주는 것은 바쁘게 살아서만이 아니라, 내 눈이 늘 '정면만' 향해 있었기 때문이다. 세상의 소리와 자연의 호흡에 나를 맞춘다.

야인은 방랑자가 아니다. 단지 세상의 중심에서 벗어나, 삶의 본질로 돌아간 사람이다. 길가의 바람이 좋고, 시간이 흘러도 쫓기지 않는다. 이제야 알겠다. 소속이란 단지 일터의 이름이 아니라, 마음이 머무는 자리라는 것을.

지금, 가장 근원적인 곳으로 돌아가고 있다. 저만치 서 있는 초로의 야인에게로.

남은 날들의 갈무리

비보가 날아든 것은 2월 하순. 코로나19로 벌집을 쑤셔 놓은 듯 온 나라가 어수선한 때였다. 그것은 모든 상황을 빨아들이는 블랙홀이었다. 한 지인이 스스로 세상을 등졌다는 소식은 그저 스치듯 지나갔다. 그는 2년 전까지만 해도 모 군의 기초단체장을 지냈다.

무릇 선량이라는 이들이 과욕 때문에 사달을 내는 경우를 종종 봤다. 조사받으러 가면서도 고개를 빳빳하게 치켜든다. 한때는 "그런 일은 있을 수도 없고, 있어서도 안 된다."라고 했다. 요즘은 "사정기관이 사실관계를 오해한 것 같다."라는 말이 등장한다. 시대의 흐름에 따라 변명의 양태도 변해가는 모양이다. 올해 초에도 지방의 어느 고을 현직 수장이 오랏줄로 은팔찌를 한 채 법정에 들락거리는 모습이 눈에 띄었다. 그 단계까지 가기 전에 스스로 극단적인 선택을 하는 이도 있었다.

그전엔 비극적인 소식에 무덤덤했다. 이번엔 달랐다. 훤칠한 키에 서글서글하고 매사 긍정적이던 그가 왜 그랬을까. 눈과 귀를 의심하게 했다. 시청에서 한솥밥 먹던 선배로서 평소 존경했다. 그의 막내아들과 내 큰아이가 막역한 사이라 친분이 더 두터운 터였다. 그래서 그 소식이 더욱 안타깝게 다가왔다. 공직생활을 마무리할 즈음, 그의 고향에서 단체장 보궐선거로 당선된 뒤 내리 3선을 했다. 주위의 부러움을 샀다. 소임을 다하고, 중도 사임했던 전임자에게 자리를 물려주고 나왔다. 야인으로 돌아가 여생을 즐기고 있는 것으로 알았다. 그런데 한 사건과 관련, 사정기관의 소환조사를 앞두고 돌이킬 수 없는 선택을 했다. 스산한 기분을 지울 수 없었다.

선거란 상대방이 있는 제로섬 게임이 아니던가. 이긴 자에게는 취임하는 날부터 차기를 위한 행보다. 일거수일투족이 표와 관련되기 때문이다. 새롭게 도전하는 자와 재기를 노리는 낙선자는 와신상담 상대방의 흠집 찾는 데 열을 올린다. 선거판은 이해충돌과 갈등이 난마처럼 얽힌 곳이다. 막장에 들어가는 갱부의 몸에 검은 가루가 묻기 마련이듯이, 자칫하면 사건에 휘말릴 수 있다. 우리 지역에서 부단체장을 지낸 한 사람은 고향에서 시장에

당선됐다. 선거 과정에서 얽힌 일로 인해 지루한 법정 다툼 끝에 무죄선고를 받았다.

고인은 법의 심판을 받기도 전에 너무 성급했던 게 아니었나 싶다. 무인의 포스가 작렬하는 풍모에 가려져 여린 마음은 보이지 않았나 보다. 한 사람의 죽음을 보면서 문득 의문을 던지고 싶은 게 있다. 작금의 이 땅에 도대체 정의가 있기는 한가, 라고. 좌우 어느 쪽에 서는 가에 따라 유무죄가 갈리고, 벌을 받아야 할 자가 오히려 큰소리치고 다니는 세상이니….

몇 년 전, 고인의 집무실로 찾아갔을 때다. 내 소관 업무이던 도농 간 자매결연을 한 후였다. 바쁜 그의 일정 때문에 잠깐 차 한 잔만 마시고 돌아왔다. 이튿날 사과 몇 상자를 내 앞으로 보내왔다. 전에 인연이 있던 이들에게 안부와 함께 전해달라는 것이었다. 그렇게 정을 나눌 줄도 아는 분이었는데…. 시시비비를 가리기도 전에 홀연히 떠난 것이 황망할 뿐이다. 떠나던 다음 날 국내 확진자가 400명을 넘어섰다. 마지막 가는 길에 배웅조차 할 수 없는 상황이 안타까웠다. 인간사 새옹지마라 했던가. 처음 출마할 때는 지인들의 박수를 크게 받았지만, 끝이 허무했다. 정년퇴직 후 다른 공직을 맡지 않고, 유유자적한 삶을 살았으면 어땠을까 싶다. 냉철한 머리가 뛰는 가슴을 따라가지 못하는 경우가 있는 것 같다. 선택의 갈림길에서 망설인 경우가 내게도 있었다.

정년을 채울 때까지 일할 수 있는 것만으로도 행운이라고 생각했다. 그래서 다시 밥줄에 매이지 않겠다는 것이 일관된 소신이었다. 40여 년간 동행한 내 밥벌이를 떠나보내야 할 즈음이었다. 한 기업인으로부터 일자리 제안이 들어왔다. 외지 출신으로 새로운 사업체를 꾸리면서 내가 있는 쪽 사람이 필요했다. 시청 쪽에 닿는 인맥으로부터 나에 관해 들었다고 했다. 직장인이 퇴직 후 새로운 일자리 앞에서 흔들리는 경우를 많이 보긴 했다. 평소의 생각과는 달리 내 마음도 요동쳤다. 우선 아내에게 말했더니, 무료하게 지내는 것보다 '나갈 곳'이 있으면 정신건강에도 좋지 않으냐며 운을 뗐다. 극도로 신중한 눈치였다. 며칠 고민 끝에 과욕이다 싶어 사양하기로 했다. 어쩌면 그것은 남의 밥그릇에 숟가락 얹는 일일 수도 있는 것이었다. 그게 더 싫기도 했다.

직장에서 일 주 동안 안전 분야 교육받을 때다. 교육기관에서는 이왕 왔으니 상급 과정 자격취득 시험에 도전해 보라고 했다. 그 기관의 실적과도 관련 있는 일이기도 했다. 인생 이모작을 시작하는 데 유리하다고 해서 혹하는 이도 있었다. 내 마음도 잠깐 흔들렸다. 그런데 자격증에는 무겁고도 많은 것이 실려 있었다. 그것이 벽에 걸린 채 24시간 눈을 부릅뜨고 있다고 해서 사고가 나지 않는 것은 아니다. 자칫 일이 터졌을 땐 그 자격증이 오랏줄이 될 수도 있다는 생각을 지울 수가 없었다. 유혹을 물리치기까지는 긴 시간이 필요치 않았다.

한순간에 짚불 꺼지듯 가는 것이 인생이라고 하지 않았던가. 허망하게 끝난 한 생애의 말년이 내게 많은 의문을 던진다. 부와 명예와 권력을 다 쥐어야만 성공한 인생일까. 그렇다면 어느 것 하나 번듯하게 이루어 놓은 게 없는 나는 너무나 남루한 인생이다. 한참 성장기에 아버지를 여의고 좌절을 한 번 겪고 난 후 현실을 바라보는 눈이 크게 달라졌다. 내 그릇에 담을 수 있는 만큼의 꿈만 꾸자는 것이 신조였다. 아내가 앞치마 두르고 부엌에서 달그락거릴 때, 아이들과 아랫목에 엎드려 헛발로 물장구질하면서 책 읽는다. 그러다가 아내의 부름에 식탁에 둘러앉아 뚝배기에 숟가락 부딪치며 웃음꽃을 피우는 삶. 그 정도가 내 꿈이었다.

물질이 어느 정도면 족하다고 느낄까. 노후에 친구들이나 아직 사회의 끈이 닿아 있는 모임에서 품위 유지비 감당 수준 정도면 되지 않을까 가늠해 본다. 그것이 내가 꾸어온 소박한 꿈과 잇닿아진다. 그 바람이 꿈의 언저리에 닿아 있는지는 곰곰이 생각해 볼 일이다.

유혹은 뿌리쳤고, 과욕은 부리지 않았다. 그것이 스스로를 돌보고, 가족의 평안을 지켜왔는지도 모를 일이다. 지나온 시간의 흔적 속에서 비로소 깨닫는다. 삶은 채우는 것이 아니라, 비워내며 윤색해가는 과정임을. 가족의 웃음, 건강한 하루의 고요, 계절마다 피었다지는 작은 꽃들. 모든 것이 감사의 형태로 다가온다.

흩어진 세월의 낙엽을 거두듯 남은 삶을 정갈하게 갈무리할 때다. 앞서가기보다는 물러서는 법을, 말하기보다는 듣는 법을 익혀가리라. 세월은 언제나 뒤늦게 말을 걸어온다. 마음이 답을 낸다. 더 가지려고 애쓰던 시절이 지나고, 무엇을 남길까를 생각할 때가 되었다고.

벌여놓기만 했던 마음의 서랍을 하나씩 닫아가며, 끝내는 글줄 하나를 남기고 싶다.

"나는 꿈을 이루었고, 그 생이 고마웠다."

고맙습니다

“둘째가 필요해요. 어머님이 좀 도와주세요.” 큰며느리가 시어머니에게 아들을 설득해 달라는 말이다. 손아랫동서가 3년 전 둘째 아이를 얻자 더욱 간절했는지도 모른다. 아이를 더 가지겠다는 생각 자체가 기특했다.

둘째 아들 집에는 세 살 터울의 딸과 아들이 있어 늘 든든해 보인다. 아이들은 하루에도 몇 번씩 소리를 높여 다투다가도 금세 서로의 어깨를 기대어 앙금 하나 없이 웃음을 터뜨린다. 그 순진하고 느긋한 회복력은 어른들이 잊어버린 화해의 기술이기도 하다. 특히 손녀는 눈동자가 영리해 늘 무언가를 꿰뚫어 보는 듯한데, 그 아이가 살짝 입꼬리를 말아 웃는 순간, 집안 공기마저 환해지는 듯했다. 그 작은 존재하나가 온 집안을 따뜻하게 데워주었다.

큰아들네는 외아들 하나다. 큰손자는 의젓하고 듬직하지만, 그 아이를 바라볼 때마다 알 수 없는 허전함이 불쑥불쑥 고개를 들었다. 하나만으로도 충분하다고 스스로를 다독여보았지만, 마음이라는 것이 이성의 울타리에만 머무르지 않았다. 둘째 이야기만 오가면 큰아들은 "저희는 하나만 잘 키울래요."라며 군더더기 없이 잘라냈다. 그 태도에서 소심한 단호함과 자기 확신이 동시에 느껴졌다.

며느리의 속마음은 사뭇 달랐다. 겉으로는 '하나만 충분하다' 웃어 보였지만, 가끔은 창밖을 오래 바라보며 마음을 접었다 폈다 하는 듯한 표정을 지었다. 손아래 동서가 둘을 키우는 모습이 은근히 자극되었을 수도 있다. 그리고 마침내 어느 날, 며느리는 조심스럽게 시어머니 앞에 앉았다.

"어머님, 저 이제 곧 마흔이 돼요. 마음이 너무 급해져요. 아비 좀 설득해 주실 수 없을까요? 가끔 분위기를 만들어 보려 해도 술도 안 마시니… 잘 안 돼요."

거기엔 부끄러움과 간절함, 설움과 용기가 뒤섞인 소리였다. 시어머니는 며느리의 손등을 가만히 바라보다가 부드럽게 웃으며 말했다.

"아직 마음을 못 돌렸구나, 술 안 하는 것도 때로는 걸림돌이구나."

대화를 듣고만 있어도, 그 속에 담긴 사연과 감정의 결이 고스란히 느껴졌다. 며느리의 태도에는 아이를 품고 싶은 간절함이 실려 있었고, 시어머니의 말에는 며느리를 이해하면서도 아들 편을 들 수밖에 없는 복잡한 속내가 섞여 있었다.

요즘 시대에 아이를 낳는다는 건 단순한 한 가정의 선택이 아니라, 미래 세대를 이어가는 하나의 책임처럼 여겨지기도 한다. 저출산이 화두인 시절에 아이 한 명의 탄생이 국가와 사회의 희망이 되는 듯한 느낌마저 든다. 그런 시대에 며느리의 절절한 말은 유난히 심금을 울렸다.

아들의 눈치꾸러기가 된 며느리의 그 바람이 하늘에 닿았을까. 어느 해, 기적처럼 둘째가 찾아왔다. 그 놀라움과 기쁨 속에서 문득 이런 생각이 들었다. '이건 조상님이 점지해주신 복이 아닐까.' 그 마음이 채 가라앉기도 전에, 아내와 함께 어머니 산소를 찾았다. 그날따라 길은 유난히 고요했고, 하늘은 깊고 푸르렀다. 익은 바람이 살갗을 스치는데, 마치 오래전 어머니가 내 등을 어루만져주던 손길과 닮아 있었다.

무덤 앞에 서니 세상 모든 소리가 멀어지고, 마음속에서 오래 묵은 말들이 하나둘 떠올랐다. 살아오며 미처 하지 못했던 고백들, 후회와 다짐, 자식과 손주에 관한 기도 같은 생각들이 잔물결처럼 번졌다. 어머니께서는 말없이 모든 걸 다 듣고 계신 듯했다. 그때 문득, 어머니 생전에 하시던 말씀이 떠올랐다.

"내 무덤에 꽃이 피면, 그 집 자손은 번성한다."

평소 같으면 옛 가르침 정도로 넘겼겠지만, 그날만큼은 그 말이 산들바람에 실려 살아 움직이는 것만 같았다. 산소 주변에 피어난 들꽃들이 어머니의 웃음을 닮아 있었다.

그리고 얼마 지나지 않아, 처서를 갓 넘긴 8월 하순 손녀가 태어났다. 첫울음은 여름 끝자락의 바람처럼 투명했고, 그 소리를 듣는 순간, 세상이 잠시 멈추는 듯한 느낌이 들었다. 생명 하나가 오는 일은 언제나 기적이다. 그 속에 조상들의 손길이 어른거리는 듯했다.

두 아들은 모두 딸만 있는 집에 장가들었다. 이런 인연도 기묘한 복이었는지도 모른다. 어느 날, 아내가 내게 조심스레 물었다.

"애들이 처가에 들어가 사는 건 어떻게 생각해요?"

그 질문에는 단순한 의미를 넘어선 여러 결이 숨어 있는 듯했다. 나는 그때 대수롭지 않게 말했다.

"어디서 살든 내 아들인데… 그게 뭐가 그리 중요한가."

아내의 질문에 대한 나의 대답은, 어쩌면 두 아들에게 보내는 무언의 메시지이기도 했다. 피는 흘러간다고 하지만, 마음은 흩어지지 않는다는 걸 살아온 세월이 가르쳐 준 진실이었다.

사람의 바람은 늘 예측할 수 없다. 처음엔 하나만 낳겠다던 며느리도 둘째를 기다리는 동안에는 딸이기를 바라고 또 바랐다. 그 염원이 이루어지자, 묵은 숙제를 마친 사람처럼 표정이 환해졌다. 이제 우리 가족은 천천히, 그러나 확실하게 '딸 바보'의 길로, '손녀 바보'의 길로 들어서고 있다. 그 길은 부끄럽지 않다. 오히려 인생 후반을 가장 따뜻하게 밝혀주는 등불 같은 길이다.

돌아보니, 길목마다 조상님들이 지켜보고 있었다. 손주들의 웃음에도, 며느리의 온기 어린 말투에도, 아들들이 건네는 짧은 문장 속에도 어머니와 조상들의 숨결이 조용히 흐르고 있었다. 그래서 나는 산소 앞에 설 때마다 자연스레 고개를 숙인다. 그리고 아주 오래전부터 마음속 깊은 곳에 고이 간직해 온 한마디를 조용히 올린다.

"어머니, 고맙습니다."

그 말은 내 인생을 지탱해온 힘이며, 다음 세대에게 전하고 싶은 가장 큰 유산이다. 보이지 않는 손길로 우리를 이어주신 모든 조상께 드리는 가장 깊고 정직한 감사의 기도이기도 하다.

빈 껍데기

“땡감도 떨어진다.”

시간이 무르익기 전 떨어지는 감은 외부의 충격 때문일 수도 있고, 보이지 않는 병증이 속을 갉아먹은 탓일 수도 있다. 인간도 크게 다르지 않다. 제 수명의 절반도 채 살지 못한 이들이 삶을 놓아버릴 때, 그 빈자리는 한 집안의 풍경을 송두리째 바꿔놓는다. 특히 한창 자라나는 아이들에게 부모의 부재는 허허한 들판에서 차디찬 바람을 맨살로 맞아야 하는 일과 같다. 세상은 여전히 돌아가지만, 그 아이의 계절만 홀로 겨울에 머문다.

1980년대가 저물어가던 어느 봄날이었다. 출장에서 돌아와 모처럼 숨을 돌리는 토요일, 사무실로 급히 오라는 연락을 받았다. 짧은 말투에 담긴 무게가 이미 예사롭지 않았다. 체육대회가 한

창이던 팔공산 기슭이 아니라 군이 사무실로 부른다는 것 자체가 불길한 신호였다.

도착한 순간, 한 젊은 직원의 죽음이 구청을 뒤흔들고 있었다. 그 시절 체육대회는 단순한 행사 이상이었다. 기관장이 참관하는 자리다 보니 부서 간 경쟁도 치열했고, 운동 실력은 곧 인사고과와 연결되던 때였다. S는 그 중심에 서 있던 청년이었다. 군살 없는 몸, 매사 성실한 태도, 배구 코트에서 날아오르는 폼까지, 누구나 한 번쯤은 부러워하던 사내였다. 한 번 손목을 꺾어 스파이크를 내리꽂으면 상대편 코트는 순식간에 침묵이 됐다. 젊음이란 때로 과하게 빛나서 오히려 보는 이의 마음을 불편하게 할 정도인데, S는 그 빛이 지나치지 않게 절제된 품을 가지고 있었다.

문제는 점심시간 이후였다. 부서마다 넉넉하게 준비해온 음식들을 서로 나누며 작은 축제를 벌이던 시간이었다. S는 따뜻한 봄볕 아래에서 잠시 몸을 뉘었다. 막걸리 한 잔과 식곤증이 더해지면서 잠깐 눈을 붙인 것이라 여겼다. 그러나 그 짧은 오수의 순간이 영영 깨어나지 못할 잠이 되리라곤 누구도 예상하지 못했다.

준결승 출전 선수는 경기장으로 오라는 방송이 흘러나왔다. 동료가 여러 차례 S를 흔들었지만, 미동도 없었다. 처음엔 피곤해서 깊이 잠든 줄 알았다. 사람의 몸은 때때로 침묵으로 비극을 알린다. 가까이 있던 보건소 의사와 간호사가 달려왔지만 이미 서늘한 기운이 그의 몸을 덮고 있었다. 심장 소리는 들리지 않았고, 생명의 온기는 빠르게 식어갔다.

유족이 도착했을 때의 그 표정, 말로 설명하기 어려운 종류의 절망이었다.

"아침까지 멀쩡하던 사람이 왜…"

그 한 마디가 슬픔과 분노, 황망함을 모두 담고 있었다. 장례가 끝난 뒤 남은 과제는 '순직' 인정 여부였다. 그 일이 내게 맡겨졌다. 순직은 단지 행정문서 한 장이 아니었다. 유족에게는 삶을 지탱할 발판이었고, 고인에게는 세상에 남는 마지막 명예였다.

하지만 그 절차는 결코 단순하지 않았다. 사인은 명확하지 않았고, 당시만 해도 젊은이의 돌연사는 생소한 일이었다. '공무중' 인정 기준은 지금보다 훨씬 좁았다. 근무기록 역시 대부분 전 근무지에서 새롭게 확보해야 했다. 구청의 과실이 있는지, 현장 조치에 문제가 없었는지, 응급 장비가 갖춰져 있었는지, 심지어 동료들과의 관계까지 꼼꼼히 살펴야 했다.

문서 하나하나를 넘기며 나는 마음 한켠에서 자꾸 올라오는 질문을 억눌러야 했다. '행정적 판단은 해 줄 수 있다. 하지만 이들의 상처는 누가 보듬어줄 수 있을까.' 특히 어린 자녀 둘이 눈에 밟혔다. 부모의 죽음보다 더 큰 슬픔은 부모 없는 아이의 생이다. 성장은 스스로 알아서 이뤄지는 일이 아니라, 누군가의 손길과 숨결이 징검다리처럼 이어져야 가능한 일이다. 그 생각이 나를 오래 붙들었다.

그 순간 문득 우리 가족의 위기였던 어느 시기가 떠올랐다. 아이들이 어릴 때, 아내는 허약한 체질로 인해 하루하루를 버티는 일조차 힘겨웠다. 연년생 아이 둘을 돌보며 아내는

"아이들 대학 들어갈 때까지만…."

이렇게 기도를 올리며 하루를 버텼다. 우리 집도 바람만 스쳐도 쓷아질 듯 위태로웠던 시절이 있었다. 1983년 2월 25일, 민방위 경보 방송이 울리던 날을 나는 아직도 잊지 못한다.

"여기는 민방위본부입니다.
지금 서울·인천·경기도에 경계경보를 발령합니다.
북한기들이 인천을 폭격하고 있습니다."

그 유명한 이웅평 대위 귀순 사건이었다. 갓 젖을 떼던 둘째가 수도권 외가에 맡겨져 있던 터라 혹시라도 영영 이산가족이 되는 것이 아닌가, 가슴이 덜컥 내려앉았다. 평범한 일상, 부모와 자식이 같은 공간에서 밥을 먹고 밤을 지새우는 일이 얼마나 큰 축복인지를 그때 뼈아프게 실감했다.

다행히 아내는 건강을 되찾았다. 아이들은 제 뿌리를 잡고 제

갈 길을 찾았다. 고향 마을 당산나무처럼 묵묵히 자리를 지킨 아내 덕분이었다. 삶은 때로 잔인하게 인간을 시험하지만, 그 과정을 버티고 나면 비로소 감사가 배어 나온다. 아픔이 지나간 자리에서 겸손이 싹트고, 사람에 대한 연민이 깊어진다.

내리사랑이란 결국 그런 세월의 퇴적에서 만들어지는 본성인지도 모른다. 한 생이 다하도록 자식을 품고, 마지막 순간까지도 "혹시 짐이 되지나 않을까." 싶어 죄스러워하는 마음, 부모란 그런 존재다.

자신의 몸을 자식에게 먹이로 내어주고 껍데기만 남는 어미 거미처럼, 인간의 사랑도 끝내는 자신을 공허하게 비워서 완성된다. 아내는 지금도 더 보태주지 못해 아쉬워하고, 꿈자리가 뒤숭숭하면 제일 먼저 아이들 걱정을 한다. 그런 헌신은 계산 뒤에 오는 것이 아니라, 그 사람의 뼛속에 새겨진 오랜 본성이다.

이제 일흔을 바라보며 문득 생각한다. 지나온 세월이 찰나처럼 흘러갔듯, 남아 있는 시간도 아마 그런 속도일 것이다. 그러니 남은 날들은 물컹하지 않으면서도 속은 따뜻한 홍시처럼 익어가면 좋겠다. 과하게 달지도 않고, 떨어졌을 때 누구에게 상처도 주지 않는 그런 익음 말이다.

문득 S의 자녀들이 떠오른다. 그 아이들은 어떻게 자랐을까. 순직 인정이 그들의 삶에 작은 버팀목이 되어주었을까. 그날 유족들의 태도에는 깊은 슬픔 속에서도 절제와 품격이 있었다. 요즘 같았으면 소란스러운 분란이 일어났을지도 모르겠다. 그 시절의 담담함은 오히려 고인의 마지막을 더 따뜻하게 감싸주었던 것 같다.

철퍼덕!

잘 익은 홍시 하나가 중량감을 이기지 못하고 떨어진다. 그러나 이번에는 아쉬움이 없다. 그저 '떨어질 때가 되었구나' 하는 잔잔한 수락만이 가슴에 고인다.

가지나무에 가지만 열려도

입학을 며칠 앞둔 맏손자가 왔다. 제 어미가 둘째를 품고 입덧이 심해 이틀쯤 우리 집에 머물겠다고 했다. 좋아하는 복어 튀김 요리를 사주고 마트에도 데리고 갔다. 과자를 이것저것 집어 들더니 세 밤 자고 갈 거라며 칫솔걸이까지 챙긴다. 너울가지 없어 엄마 떠나 있는 게 처음이라 내심 걱정이다.

녀석이 TV를 보다 말고, 말긋말긋 올려다보며 식사 자리에 이어 또 묻는다.

"할아버지, 게네들은 언제 와요?"

"2번, 3번은 유치원에 가야 해서 못 와."

나이 순서에 따라 사촌 동생을 2번, 3번으로, 자신은 1번이라 부른다. 그들이 못 온다고 하자 시무룩해지더니 이내 나른한지

하품을 하기 시작한다. 제 아비는 아이를 떼어놓고 밤차로 다시 서울로 돌아가야 할 형편이다.

"하민아, 방에 자러 갈까?"

"우리 집에 가서 자면 안 돼, 아빠?"

"할아버지 집에서 세 밤도 잘 수 있다고 했잖아."

"……"

"그러면, 오늘 밤은 여기서 자고 내일 데리러 올게."

분리불안 심리가 일기 시작하는지 아비의 바짓가랑이를 잡고 늘어진다. 곧장 따라나설 태세다. 끌려가듯 방으로 들어가면서 어깨를 들썩거린다. 마침 제 어미가 전화했다. 오래전에 헤어진 이산가족이나 된 것처럼 모자간에 훌쩍거리기 시작한다.

봄바람처럼 살 보드라운 녀석의 재잘거림에 아내도 나도 달떠 있었다. 오늘 밤엔 할머니랑 자고, 내일은 할아버지와 3호선 열차를 타기로 해놓고 겨우 네 시간 머물다 갔다. 집안이 갑자기 텅 빈 벌판처럼 공허하다. 사촌들을 만날 기대로 할아버지 집에 오는 것을 좋아했고, 세 밤도 잘 수 있다고 한 것 같다.

그 모습을 바라보며 문득 내 아들의 어린 시절이 겹친다. 시간은 흘러 그 아들이 아버지가 되었고, 나는 손자를 품은 할아버지가 되었다. 인생이란 돌고 돌아 끝내 제 자리를 찾아가는 나이테 같은 것인지도 모른다. 얼마 전, 우연히 인터넷을 헤매다가 아들의 초등학교 1학년 때 담임선생님의 블로그를 발견했다.

정년퇴직한 K 선생은 블로그에 글을 올리는 등 취미생활로 소일하고 있었다. 추억 속을 유영하던 어느 초가을. 24년 전 방학기간에 코흘리개 한 제자로부터 받은 한 통의 편지를 꺼내든 채 회상에 젖는다. 그 제자가 바로 녀석의 아비다.

그때, 선생님은 날짜 지난 신문을 상으로 주었다. 아이는 그것마저도 대단한 것처럼 어머니한테 자랑한다. 선생님은 가끔은 수염도 깎지 않은 얼굴을 제자의 볼에 비비기도 했다. 늘 그 아이에게 큰 반응을 보이면서 칭찬을 아끼지 않았다. 제자의 기억 속 선생님은 그런 모습이었다. 거기다 그 편지를 지금까지 간직하고 있다는 것에 더 감동한다. 포털 사이트에서 선생님의 글을 우연히 발견한 제자는 잠시 넋을 놓고 눈을 감는다. 그 코흘리개가 벌써 초등학교 입학을 목전에 둔 한 아이의 아버지가 되었다.

사제는 곧장 전화로 서로의 근황을 주고받았다. 며칠 후 스승은 그 소회를 또다시 블로그에 올린다. 그곳에는 눈 내린 어느 아침의 글이 고요히 남아 있었다.

"서설이 내려 온 천지가 하얀 아침이다.

제자에게서 전화가 왔다.

그때 잘해준 데 대한 감사의 마음을 잊지

않고 있다고 했다.

나는 오늘 너무나 행복하다.

제자에게 은총을 내리시어 믿음직스러운

명의가 되도록 기도했다."

그 글을 읽는 순간, 가슴 한켠이 따뜻하게 데워졌다. 세월이 흘러도 스승의 기억 속에 '좋은 제자'로 남아 있다는 건 참으로 고마운 일이다. 누군가의 하루를 밝히는 온기를 내 아들 안에서 다시 발견한 듯했다. 그 사실 하나만으로도 아버지로서 더 바랄 것이 없었다.

녀석이 울면서 떠났기에 마음이 개운치 않았다. 입학식 때 만나면 어떤 표정을 지을지 궁금하다. 이참에 책가방 하나로 그때 기분을 달래주려 했지만, 학교에서 지급한다기에 얼마간의 돈으로 대신한다. 입학식에 좀 늦게 도착했다. 녀석이 입학식장에 들어가면서 할아버지를 찾아 두리번거렸다고 한다. 다행이다. 참새처럼 조잘대는 무리 속에서 녀석을 찾기란 쉽지 않다. '집에서는 눈 감아도 총명하고, 활달하고, 크게 보였었는데….' 그동안 눈이 아닌 마음으로 녀석을 보았구나, 하는 생각이 든다.

귓바퀴에 돋은 버들강아지 솜털을 채 벗지도 못하고, 앞니까지 빠져 엉성해 보이는 녀석. 하지만 봄나물 풋내처럼 싱그럽다. 지식과 기능 위주 교육보다 올바른 인성을 길러주는 것을 중시한다는 학교를 애써 찾아서 보냈다. 치맛바람이 없는 잔잔하고 고요한 바다 같은 곳이었으면 싶다.

사제 간, 부모·자식 간 상호작용이 선순환할 때 건전한 사회가 만들어지는 것이 아닐까. 제 아비가 코흘리개 때 마음 따뜻한 선생님을 만난 건 행운이었다. 그분의 진심 어린 사랑과 격려가 온전한 인격체로 성장하는 데 큰 영향을 끼쳤다. 내 부모님은 푸서리에서도 좌절하지 않고, 부지런히 삶을 일구었다. 그 모습이 가슴에 차곡차곡 쟁여져 내 마음 한가운데 등대처럼 서 있다. "성실하신 아버지 뒷모습을 보면서 저희가 자랐습니다." 내 자식들로부터 이 말을 들을 때, 열없는 생각이 들면서도 보람을 느낀다. 그렇게 선대의 모습을 본뜨면서 후대가 이어져 오늘에 이르렀으리라.

지금 내 앞에 앉은 손자는 아직 연약한 묘목과 같다. 세상이 아무리 변해도, 제 뿌리를 단단히 내리고 바르게 자란다면 그걸로 족하다. 가지나무에 수박을 바라지 않는다. 가지나무에 가지가 열리면 그걸로 충분하다.

손자가 제 아비처럼, 아니 그보다 더 따뜻한 사람으로 자라 누군가의 기억 속에 작은 빛으로 남는다면 그것만으로 족하다.

삶의 본전은 남보다 앞서가는 데 있지 않다. 그것이야말로 인생의 정직한 결실이다.

새벽종이 데리고 간 밤

첫 밥벌이에 나선 그해 겨울밤. 월간지 한 권을 붙들고 이슥하도록 씨름했다. 새로 도배한 벽지의 종이 냄새가 가시지 않았고, 사방 연속무늬는 사이키 조명처럼 현란했다. 머릿속도 번쩍거리며 뒤엉켰다. 부르르 울어대는 문풍지 소리가 왠지 마음을 더 무겁게 누른다.

기억 속의 1970년대는 연탄가스 중독사고가 하루가 멀다고 뉴스를 탔다. 궂은날이나 기온이 갑자기 떨어진 날은 전국에서 하루 스무 명 가까운 사망자가 나오기도 했다. 그 시절, 없는 사람들의 상흔이고 아픔이었다. 연탄은 음산한 죽음의 그림자를 숨긴 채 가난한 동네를 기웃거렸다. 그것은 엄동설한보다 더 맹위를 떨쳤다. 사고 소식이 나올 때마다 사람들은 멀리 나가 있는 가족의 얼굴을 먼저 떠올렸고, 무사하길 바라는 불안이 일상의 일부가 되어 있었다. 대처로 나갔던 내 또래 처녀가 만신창이가 된 채 돌아왔던 일도 있었다. 그 불길한 기억은 방문 틈새처럼 늘 마음 한편을 건드렸다.

골목마다 눈바람에 연탄재가 흩날리는 을씨년스런 밤이었다. 낯선 곳에서의 첫 밤은 늘 그렇게 쉽게 잠들지 못했다. 뒤척이다 설핏 잠이 들었다. 얼마나 지났을까. 의식이 안개처럼 흐려지고 몸은 내 것이 아닌 듯 굳어가기 시작했다. 눈은 뜨여 있는데 팔도 다리도 움직이지 않았고, 숨결은 땅속으로 빨려들어 가듯 점점 희미해졌다. '이렇게 가는 건가…' 손끝에서부터 공포가 번졌다. 거미줄에 걸린 나비처럼 어떻게든 그 상황을 벗어나려고 파닥거렸다. 군대에서 '철조망 통과' 훈련하듯이 허우적거리다가 방문을 걷어찼다. 문지방 너머로 나뒹굴었다.

얼음처럼 차가운 눈이 이마에 닿는 순간, 마지막 남은 감각이 번개처럼 스쳤다. 그때, 멀리서 성당의 새벽 종소리가 어둠을 가르며 울려왔다. 흔들리며 꺼져가던 의식이 그 울림에 실처럼 걸렸다. 본능적으로 그쪽을 향해 기어갔다. 살아 있으려는 마지막 동작이었다. 차가운 새벽 공기가 볼을 스치고 눈발이 옷깃에 스며들며 정신이 서서히 제자리를 찾아왔다. 숨이 다시 길을 찾자, 안도의 뜨거운 눈물이 나도 모르게 고였다.

순간, 사람의 숨길이 이렇게도 허망하게 끊어질 수 있다는 사실을 알게 되었다. 먼저 떠올랐던 것은, 연탄가스에 중독되어 몸도 마음도 폐허가 된 채 돌아왔던 그 처녀였다. 나도 저리 무너져 버리는 건 아닐까 하는 싸늘한 두려움이 등줄기를 타고 흘렀다. 정신을 놓치지 않으려고 '태정태세문단세'를 읊었고, 구구단까지 외어보았다. 문장이 이어지고 숫자가 흐른다는 것만으로도 '내가 아직 살아 있다'라는 조용한 증거가 되었다.

그 후 집 떠나서는 잠을 잘못 자는 버릇이 심해졌다. 교대로 잠을 잘 수 있는 당직근무 때도 창문을 열어놓은 채 찬바람 맞아가며 뜬눈으로 지새우곤 했다. 오랜만에 처가에 가서도 잠자리가 불편해서 하룻밤 머물기가 힘들었다. 그걸 아내는 대놓고 섭섭해하면서 별나다고 했다. 그러면 나는 외박 걱정은 안 해도 된다고 눙치곤 했다.

도시화가 빠르게 진행된 시기에 판잣집, 블록집이 우후죽순으로 생겼다. 거친 방바닥에 비닐 장판을 깔고, 아궁이와 굴뚝은 시멘트로 대충 발라서 지은 집이 많았다. 날림이었다. 웃풍이 세고, 연탄가스에 취약할 수밖에 없는 구조였다. 내가 세 든 곳도 그런 집이었다.

사회에 첫발을 내딛던 내 모습은 그렇게 초라했다. 하지만 그것으로 액땜했으니 내 생의 안전은 담보된 것으로 믿고 싶었다. 그것도 잠시뿐 그곳을 하루빨리 떠나야겠다는 이유 중의 하나가 되었다. 아무래도 찜찜한 기분이 가시지 않아서였다. 그러던 중

뜻밖에도 소중한 인연을 만나 식솔을 데리고 당당하게 그곳을 떠났다. 먼 길을 와서 돌아보니 나는 행운아였다.

사지 멀쩡하게 살아 있다는 사실 그 자체가 얼마나 큰 은총인가. 일곱 자식을 모두 무탈하게 키워낸 부모님의 삶이 새삼스럽게 숭고해 보였다. 손발톱 하나 빠져도 말할 수 없이 불편한데, 반신불수로 평생을 살아간다는 건 어느 정도의 아픔일까. 어렴풋이 가늠해 볼 뿐이다. 그녀는 한 걸음 한 걸음 옮겨놓을 때마다 신에게 힘을 달라고 할지도 모른다. 나도 그런 상황과 마주했을 수도 있었다. 평범함을 지켜낸다는 것이 얼마나 비범한 일인지, 그 겨울밤의 문지방에서 비로소 알았다.

몸의 통각이 위험을 알리듯, 타인의 아픔 또한 내게는 통각이었다. 그녀의 고통은 내게 "늘 깨어 있으라."라는 경고처럼 울렸다. 그리고 쓰러져 있던 그 새벽, 성당에서 울려오던 종소리는 죽음의 그림자 속에서 내 의식을 흔들어 깨운 은총의 울림이었다. 그 뒤로 나는 어둠 속에 잠길 듯한 순간마다 마음속에서 그 종소리를 다시 울려본다.

삶의 혼탁함이 나를 흐리게 할 때면 스스로에게 조용히 되묻는다.

"오늘 나는, 깨어 있는가."

4.
생각의 골방에서

아침햇살이 내려앉은 강에, 물비늘이 금빛으로 번져 신의 숨결처럼 떨린다. 생과 사의 경계를 지우며 모든 것을 품어 안는 그 강 앞에서, 나는 오랫동안 붙잡고 있던 두려움을 천천히 내려놓았다.

— 〈갠지스 신전에서〉 중에서

갠지스 신전神殿에서

갠지스강에 아침 햇살이 내려앉는다. 물비늘이 금빛으로 번져 신의 숨결처럼 떨린다. 강은 단순한 물줄기가 아니라, 흐름 그 자체로서 생과 사의 경계를 지우며 모든 것을 품어 안는 어머니의 강이다. 그 앞에서, 오랫동안 갇혔던 경외의 그늘에서 벗어난다. 그 순간, 강은 더는 바깥 풍경이 아니었다. 깨달음이 스스로를 비추는 하나의 신전이 되었다.

신과 철학의 나라로 오래전부터 동경해 왔던 인도. 인더스문명의 발상지인 이 나라에는 수천 년 된 문화유산이 지천이다. 가히 인류 문화유산의 보고라고 할 만하다. 그중에서도 인도를 가장 잘 대변하고 있는 것이 갠지스강이 아닐까.

인도인의 삶의 기저에 갠지스가 자리 잡고 있다. 그곳은 인도인들이 생을 마감하는 힌두교의 성지로서 지붕 없는 신전이다. 히말라야를 떠난 갠지스는 벵골만으로 흘러들며 인도인들의 가슴을 적시고, 인도인의 삶은 갠지스로 녹아든다. 여기선 강과 사람, 삶과 죽음이 서로 다르지 않다.

힌두교의 저녁 제사 의식을 보기 위해 인력거에 몸을 싣고 어가처럼 갠지스로 행차한다. 마스크를 쓴 얼굴 위로 먼지가 폭설처럼 쏟아져 내린다. 어가를 호위하는 모습은 하나의 큰 물결을 이루면서 장관을 연출한다. 사지가 멀쩡한 사람, 엎드려 기는 사람, 아이를 안은 여인, 어린이 등 다양한 모습으로 어가를 엄호한다. 다급한 낭인들은 소똥으로 질퍽거리는 거리를 맨발로 수행한다. '행복한' 고행길이었다. 자동차의 경적을 듣고도 선뜻 길을 내어주지 않는 흰 암소는 어슬렁어슬렁 자기 갈 길만 갈 뿐이다. 초봄은 무력해진 추위 앞에 건성으로 엎드려 있다. 숙소 화단에 핀 매리골드가 먼지를 이불 삼아 덮고 있다.

아침 의식은 번잡한 시간을 피해 맑은 정신으로 참관했다. 갠지스의 아침은 어둠 속에서 잉태되었고, 날갯소리 퍼덕거리며 날아오르는 새소리와 함께 분만의 고통을 이기며 깨어난다. 일출은 순결하고, 강물은 경건하다. 그래서 그 아침은 더욱더 성스럽고, 장엄하다. 곳곳에 흩어져 있던 삶들이 여기로 몰려든다. 사람들의 기도와 간절한 소망을 담아 띄운 수많은 꽃, 수장된 시신과 화장한 뼛가루, 목욕재계한 구정물, 이들을 모두 용해하고도 시간과 공간을 싣고 조용히 느리게 흐르는 모습이 평화롭다. 짜지 않을 뿐 그것은 벌써 큰 바다의 자태를 이룬다.

주검을 올려놓은 향나무 장작더미가 불가마가 되어 춤을 춘다. 죽은 자는 타들어 가는 소리를 내며 연기로 흩어진다. 무릇 상여가 나갈 때는 요령잡이가 부르는 구성진 소리가 있어야 제격이다. 그 소리에 발을 맞춰 질긴 삶이 오르내렸던 길을 되돌아보며 북망산으로 가야 함이 마땅하다. 그런데 상엿소리는 들리지 않고, 개들만이 허기진 눈으로 상여꾼인 양 시신 주위를 맴돈다. 의식이 절정에 이른다. 유족들은 발을 구르며 억척스럽게 울어대야 하지만, 그런 모습은 어디에도 없다. 오직 이방인만이 슬퍼 보인다. 유족들에겐 슬픔보다는 안식과 평화로 느껴지는 것 같다. 이해할 수 없는 고통조차 품에 안고, 강물처럼 흘려보내는 태도다. 깨달음은 번개의 섬광이 아니라, 매일 체념 속에서 조금씩 빛을 길러내는 일이 아닐까.

이처럼 갠지스는 인도인들의 굴곡진 삶을 어루만져주고 있다. 갠지스가 없다면 그들의 '생로병사'는 네 글자 중 일부가 탈락하여 아마도 불구가 되었을 것이다. 해골바가지의 물을 마신 원효의 깨달음도 갠지스에 닿은 인연이리라. 그들은 쌓아온 자신의 업보에 대한 믿음 때문에 주어진 삶을 숙명처럼 받아들인다. 수

천 년을 그렇게 여기며 살고 있다. 한국에서 빈부격차가 크고 살기 어렵다는 이유로 '헬조선'이라 부른다. 인도의 보통 사람들이 사는 모습을 보면서, 우리가 불행이니 절망이니 하는 따위는 한낱 사치스러운 말장난에 지나지 않는다. 행복의 척도가 다르겠지만, 우리가 얼마나 좋은 환경에서 행복한 삶을 누리고 있는가를 가슴으로 깨닫는다. 불현듯 나의 전생에 대한 궁금증이 부풀어 오른다.

내게도 업보의 사슬이 있었던 것이 아닌가 하는 생각이 들 때가 있다. 나의 전생은 사람의 형상을 하고 있었다. 그것의 일부가 현생으로 전이됐다. 태어나기 전에 이미 출생신고가 되어 있었던 셈이다. 그것이 나를 힘들게도 했다. 전생의 일부를 데리고 입대를 빨리했다. 내 누나는 나보다 겨우 3개월 먼저 태어났다. 적어도 호적상에는 그렇다. 천연두가 온 동네를 휩쓸고 다닐 때 발걸음을 떼기 시작한 그녀는 쓰러져갔다.

직장 생활도 순탄치는 못했다. 처음 읍·면 공무원으로 발령받자마자 사표를 던지고, 중소도시에서 새로 시작한 두 번째 직장마저도 마음에 차지 않았다. 급기야 아이 둘 가진 가장이 4년간 벌어먹던 곳을 미련 없이 버리고 대도시로 나왔다. 아이들의 장래를 위한 불가피한 선택이었다. 유목민처럼 이곳저곳을 떠다닌다는 주위의 비난이 사납게 달려들기도 했다. 영원한 정착도 없듯 떠남도 영원한 것이 아닐진대 말이다. 돌이켜보면 지은 업보에 따라 이미 정해진 길을 가고 있었을 뿐인데 그땐 정말 힘들고 외로웠다. 선택의 갈림길에 설 때마다 지난 것은 업보이고 그 이후는 운명이라 여겼다. 운명은 개척할 수 있다고 믿었다. 인도인들의 삶을 대하는 진지한 태도에 투영된 내 그림자를 바라보면서 위안을 얻는다. 스스로에게 "나마스테." 라고 하고 싶다.

발길을 돌리다가, 갠지스를 다시 한번 응시했다. 강물은 여전히 흐르고, 기도하는 사람의 모습도 그대로다. 하지만 내 눈에 비친 강은 처음 마주할 때와는 다른 모습으로 다가온다. 이제 문밖에 있는 강이 아니라 내 심저에서 흐르는 시간의 강이다. 갠지스는 시야에서 멀어졌지만, 그 신전은 늘 내 안에서 문을 열고 있다.

초승달을 닮은 삶

중천의 보름달이다. 초가지붕을 타고 내려와 앞마당에 서성이던 내 어린 시절 그달이다. 필부필녀가 소원을 빌며 쳐다보는 것이기도 하고, 이백이 놀던 곳이기도 하다. 서쪽 하늘에는 초승달이 떠 있을 때도 있다. 떴다가 금방 지기 때문에 부지런한 며느리만 볼 수 있다는 달이다. 그것은 내 맘속의 달이다.

중학교를 졸업하자마자 그 친구는 부모님을 따라 시골을 떠나 대도시로 이주했다. 어느 날 갑자기 사라진 친구의 빈 자리는 늦가을 논둑처럼 허전했다. 시간이 흘러 들려온 소식으로는, 모 섬유회사 사장의 대저택 바로 옆의 초라한 집에서 고등학교 시절을 보냈다고 한다. 보름달이 휘영청 밝은 밤이면 그는 혼자 마당에 서서 대저택을 오래도록 바라보았다. 달빛을 올려다보며 언젠가는 저렇게 살아보겠다는 마음의 불씨를 태우던 소년. 그 조용한 결의는 어둠 속에서도 흔들리지 않았다.

2005년경 상가주택을 사려던 참에 그의 사무실을 찾았다. 중견 건설업체를 운영하고 있었다. 35년 만의 재회였다. 관청에서 준 감사장, 라이온스클럽 등 각종 봉사단체에서의 왕성한 이력이 진열장을 채우고 있다. 한때 그가 올려다보던 보름달의 꿈이 하나둘 현실이 되어, 형체를 갖춘 듯한 풍경이었다.

어릴 적 그의 어머니는 자신이 파평윤씨 가문의 딸이라며, 그 친구가 명문의 외손임을 에둘러 자랑하곤 했다. 그런 집안에서 자란 그가 '원기소' 영양제를 매일 먹었다. 우리 집 벽지를 대신하던 신문에서 '강력 비타민'이라 쓰인 광고만 보던 내게 그것은 부러움의 상징이었다. 실제로 그는 늘 건강했고, 운동을 좋아해서 '산운 꼼보'라는 시골 마라톤 선수를 닮으려 했다. 얼굴에 천연두 자국이 남은 사람으로 이웃 '산운'이라는 동네에 산다고 해서 이름 대신 그렇게 불렸다. 중학교 개교기념 단축마라톤에서는 늘 선두에서 달렸고, 고교 시절에는 전국체전에서 메달을 거머쥐기도 했다. 반면 나는 영양제 대신 책을 들었다. 배가 고플수록 책 속에 파묻히면 더 허기를 잊을 수 있을 것 같았다.

한때 동네에서는 해마다 정월 보름 자정에 동제를 지냈다. 마을에서 2km 정도 떨어진 비봉산 아래 '불섬바위'라는 곳에서 봉

행했다. 산짐승 울음소리가 간간이 들리는 험준한 곳이었다. 나는 대낮에 나무하러 오르내릴 때 신목神木에 왼새끼 금줄을 둘러놓은 것만 봐도 머리카락이 쭈뼛했다. 제를 마치고 나면 촛불 종지를 차지하려는 경쟁이 뜨거웠다. 불이 꺼지지 않게 해서 그것을 집까지 가지고 가는 사람이 큰 복을 받는다는 풍습 때문이었다. 그때 제관과 절대 마주쳐서는 안 된다는 금기 사항도 있었다. 제를 마칠 때까지 어딘가에 몸을 숨기고 기다린다는 것도 힘든 일이었다. 그는 내리 3년에 걸쳐 그 종지를 차지하는 기염을 토했다. 어른들은 그를 두고 "복 많은 아이"라며 혀를 찼다.

내 고향 집은 공동 우물가 네거리에 있어 동네 사람들의 소문이 들고나는 길목이었다. 1980년대 초 어느 추석, 그는 '맵시'라는 자동차를 몰고 부모님과 함께 마을 우물가에 나타났다. 차창을 활짝 열고 사람들을 향해 고개를 끄덕이며 인사를 하던 그 모습을 보고 나는 슬그머니 몸을 숨겼다. 기쁜 마음보다 이유 모를 초라함이 밀려왔다.

이번에 그의 사무실을 찾아갔을 때도 나는 순간 작아졌다. 하지만 아무렇지 않은 듯 나를 단골식당으로 이끌었다. 삼겹살 노릇노릇하게 구워가며, 막걸릿잔을 기울인다. 취기가 오르면서 분위기가 농익어가자 그가 "자네한테 기대가 컸었는데…." 라며 아쉬운 표정을 짓는다. 나는 허한 웃음을 지으면서 "내 그릇이 고것

밖에 안 돼."라고 눙친다. 그가 이룬 꿈 이야기를 붙잡고 삶에 관한 애환도 술잔에 앉은 달빛 따라 풀려나왔다. 그의 아버지는 아들이 공부로 성공하는 모습을 기대했지만, 그 뜻을 온전히 이루지 못해 늘 마음이 쓰였다고 한다. 그리고 마지막에 이런 말을 덧붙였다. "돌이켜보니, 결국 자식 농사가 제일이더라." 나를 바라보는 그의 눈빛은 예전의 만월이 아니라, 한번 기울었다가 다시 차오르는 달처럼 은은했다.

그 후 그는 어느 날 갑자기 자취를 감췄다. 수소문해 보니 제주도에서 별도의 사업을 꾸려 쉬엄쉬엄 요양하며 지낸다고 했다. 크게 걱정할 일이 아니라니 다행이다 싶어 한동안 잊고 지냈다. 한참 세월이 흐른 뒤 다시 만났을 때 그는 건강을 회복해 육지로 돌아온 상태였다. 이번엔 아내의 건강이 좋지 않아 걱정이라고 했다. "부부가 함께 소일거리 할 게 있다는 것이 얼마나 좋은지 아나." 그는 씁쓸한 미소를 지었다. 세상이 다 채워주지 못하는 빈자리는 결국 가까운 사람 하나가 만들어 메워주는 법인 모양이다. 또 언제 만날까 싶어 한동안 칼국수 집으로, 추어탕집으로 같이 자주 다녔다. 진하게 살아온 남자들의 어제와 오늘을 섞어 쏟아내는데 회한도 한 가닥씩 묻어 나왔다.

그날 돌아오는 길에 문득 생각했다. 초승달이 없다면, 보름달의 크기를 어떻게 가늠할 수 있을까. 그의 삶은 언제나 만월을 향해 빠르게 달려가는 궤도를 그렸다. 내 삶은 그와 달랐다. 초승달처럼 천천히, 하지만 묵묵히 빛을 모아온 길이었다. 시골에서 중소도시로, 다시 대도시로. 사글세에서 전세로, 전세에서 작은 내 집으로. 나는 단숨에 커진 적은 없지만 멈춘 적도 없었다. 성공의 속도로 삶을 재지 않고, 성장의 방향으로 삶을 재던 세월이었다.

이제야 알아간다. 달이 아름다운 것은 환하게 차 있기 때문이 아니라, 차고 이지러지는 과정을 지니고 있기 때문이다. 초승달은 작지만, 그 속에는 '내일 더 자라날 여지'가 들어 있다. 그래서 초승달이 좋다. 소박하지만, 흔들리지 않고, 작지만 더 커질 희망이 있다. 또한 어둠 속에서도 한 조각의 빛이 되어 자신만의 반달을, 만월을 기다리는 존재이기 때문에 더욱 정이 간다.

내 삶은 어쩌면 단숨에 밝아진 적은 없었지만, 서서히 커지는 초승달의 길을 걸어왔다. 그리고 그 길 위에서 비로소 깨닫는다. 달은 차오르는 동안이 가장 아름답다는 것을.

도덕적 부채

나이가 들수록 자의식도 성숙해지는 걸까. 요즘 들어 부쩍 지난 세월을 되돌아보게 된다. 수많은 인연과 관계 속에서 은혜를 입고 갚지 못한 일은 없는가. 먼저 세상에 온 사람들의 경험담에 귀 기울이고, 그로부터 지혜를 얻으려 애써왔는가. 이런저런 상념 속에서 사회와 주변에 대한 부채 의식이 점점 깊어져 간다.

나는 한때 진열대에 전시된 하나의 상품이었다. 그 앞을 오가며 이것저것 살펴보던 이가 있었다. 처녀의 고모였다. 내 직장 맞은편에 살아서 염탐하기도 쉬웠으리라. 마음에 들었는지 중간에 사람을 넣어 연이 닿게 했다. 당신이 첫 며느리를 볼 때처럼 기쁘다며 성사에 조바심을 냈다. 그러면서도 집안에 새사람을 맞는 일에는 한없이 신중했다. '용하다'라는 소경 집에서 점까지 보았다고 했다.

그녀는 고모 집에 잠시 휴양차 내려와 있던 터였다. 촌놈과 서로를 조금씩 알아갈 즈음에 그녀의 어머니가 서울에서 읍내까지 왔다. '백년손님 발탁' 최종면접관으로 온 것이다. 수험생이란 다 그런 것일까. 면접관 앞에 앉으니 내심 긴장되었다. 고모로부터 들은 말이 있어서인지 간단한 것만 묻고는 곧장 본론으로 들어간다. 아니, 문제를 너무 어렵게 내지 말라고 누군가 사전 정지작업을 해놓았을지도 모를 일이었다. 가난한 공무원한테 딸을 보낸다는 게 걱정이 되었을까. "재산은 한낱 물거품에 지나지 않는다. 사람 하나만 보면 된다."라고 한다. 이어서 미소를 지으며 면접 합격을 공포한다. "내 마음에는 꼭 든다."라는 말로. 하지만 '내 마음에는'이라는 뉘앙스가 걸리긴 했다. 장인 될 분의 의사까지도 포함된 것임은 머지않아 알게 되었다. 어설픈 촌놈에게 딸을 선뜻 내어준다는 말에 감사의 마음이 먼저 들었다.

처한 환경이 취약함에도 한 사람의 존재 자체를 인정한 것이리라. 그 후 100일간 처녀는 밥솥 걸 준비를 차근차근했고, 총각은 보금자리를 만들기 위해 잔가지와 깃털을 하나씩 하나씩 모았다. 결혼식은 신부 측의 연고지인 수도권이 아니라 대구까지 와서 치렀다. 나를 배려해준 것이었다. 살면서 보니 장인·장모께서는 나뿐만 아니라 다른 사위들에게도 싫은 내색 한번 하지 않았다. 딸과 똑같은 자식으로 아껴주었다. 집안에서 짤그락 소리를 감지했을 땐 오히려 딸을 나무랐다.

결혼할 즈음에 손아래 처남이 교직에 발을 갓 들여놓은 때였다. "누나, 그 봉급으로 생활이 되겠어?"라고 했단다. 누나는 경제적으로 부족한 것은 아끼고 살면 된다고 응수했다. 어릴 때부터 몸이 약했던 아내는 아버지의 담배 연기가 몹시 싫었단다. 그래서 배우자의 조건 중 담배를 모르는 이에게 가장 높은 가중치를 부여한 건 당연했으리라. 내가 그 조건만큼은 충족하고 있었지만, 무엇보다 고모에게 등 떠밀림이 결정적이었다. 나로서는 고모님께도 부채를 졌다.

청춘남녀의 결합이란 물보다는 불같은 성질을 가진 것이리라. 하지만 나는 불기운보다 냉정한 이성을 앞세우리라는 초심을 견지했다. 이 사람을 만나기 전까지는. 직·간접적으로 알게 된 여성이 한둘 있기는 했다. 관공서에서 밥벌이하는 이들이었다. 직장이 중요한 건 아니었다. 당시에는 결혼하면 집에 들어앉는 게 대세였기 때문이다. 관계에서 모두 내가 먼저 발을 뺐다. 그러자 한 지인은 눈이 너무 높은 것이라고 핀잔을 주었지만, 사실은 그렇지 않았다. 결혼에 관한 개념이 숙성되지 않았을 때였고, 한 여자를 책임질 준비가 전혀 되어 있지 않아서였다. 이번에는 달랐다. 날카롭고 차가운 이미지였지만, 세련되고 영민함에 마음이 끌렸다. 정확히 말하자면 특별한 이유가 있는 것도 아니면서 온통 한 사람만 보이기 시작했고, 그렇게 스며들었다. 결국 불기운에 압도당한 셈이다. 이럴 때 어른들은 '천생연분'이라고 했던가.

신혼 초에 처 외조모가 느닷없이 찾아왔다. 외손녀가 어떻게 사는지 보러 온 것이다. 장독대는 어디 있느냐고 맨 먼저 물었다. 옛날 어른들은 살림날 때 된장, 고추장 단지를 보고 살림살이의 수준을 가늠했다고 한다. 이틀 밤을 주무시고 가면서 "장 단지는 보잘것없어도 일등 사위 얻었다."라면서 뿌듯해했다. 아마도 잘 살아야 한다는 격려의 말씀을 에둘러 표현한 것이 아니었을까. 놀라운 것은 구순에 가까운 분이 앞장세운 사람도 없이 혼자서 온 것이다. 주소 하나만 들고 시외버스 타고 와서는 곧장 파출소로 가 안내를 받았다고 했다.

시골의 전답을 다 처분하고 도시로 떠났던 두 분이다. 세월의 문신이 늘어감에 신접살림을 차렸던 고향 구미로 낙향했다. 그때부터 아이들 데리고 자주 찾아뵈었다. 장모님은 자식 손잡고 가는 뒷모습을 보면서 믿음이 간다라고 했단다. 어른들 눈치만 요리조리 살피는 애들에 비해 우리 애들은 어려도 할 말만 하면서 듬직해 보인다고 했다. 기회 있을 때마다 셋째 며느리인 딸을 앉혀놓고 잔소리처럼 하는 말이 있었다. "김 서방 맘 편하게 해줘라. 지차가 부모 모시지 말라는 법은 없다. 시어머니를 네가 모셔

라. 그것도 잠깐이고, 복 받는 길이다". 이런 말을 수시로 들은 아내가 한 번은 친엄마가 맞는가, 라는 생각이 든다고 했다.

어느 해, 8월의 폭양이 사위어갈 때쯤이었다. '사위 사랑은 장모'라는 말을 확인시켜주고 장모님의 시계는 멈춰버렸다. 평균 수명에도 이르지 못한 채다. 가슴 밑바닥에 서늘한 바람 한 줄기 회오리쳤다. 그 후 11개월 만에 장인께서도 영면에 들었다. 등짝이 허전했다. 해도 달도 다 사라져버린 어두운 길을 걷는 것만 같았다. 연년생 두 아들 키우기 힘들 때 돌봐 주고, 아파트 평수를 늘려갈 때 부족한 자금도 융통해 준 것보다 잘살 거라고 믿어주는 마음이 더 고마웠다. 생의 물매가 가파를 때마다 힘이 돼 주었는데 비빌 언덕이 없어진 것이다. 먼 길이지만 1년에 한 번은 잠들어 계신 '이천호국원'을 찾아 두 손 모은다.

개와 고양이처럼 전쟁을 치르듯 자주 다투는 부부도 있다고 한다. 부부 관계는 너무 복잡해서 갈등의 원인을 어느 한 요소에서만 찾을 수는 없는 것이리라. 그런데도 정확한 진단을 하지도 않은 채 무턱대고 한쪽만 편들면서 어른이 끼어들 때 큰 사달이 나는 게 요즘의 세태가 아닌가 하는 생각이 든다.

'잉꼬부부'로 소문났던 유명 인사들의 결별 사유가 대개 '성격 차이'라고 하던데, 누구는 성격이 딱 맞아서 부부로 사는가. 가끔 내 삶이 흔들릴 때 "마음에 꼭 든다."라는 말을 되새기며 마음을 다독인다. 도덕적 부채를 갚는 길은 식솔을 잘 건사하는 일이라 믿고 그렇게 살아왔다. 지금까지 큰 구김살 없이 살아온 것을 보면 "도덕적 부채가 사람의 운을 크게 좌우한다."라고 한 일본 작가 니시나카 쓰토무의 말이 옳았다.

결혼이란 이인삼각 게임과도 같은 것이었다. 두 발로 자유롭게 걸을 때의 생활방식을 완전히 버리고 걸음마를 처음부터 다시 배워야 했다. 걸음마에 속도가 붙도록 용기를 준 분들의 고마움은 오래도록 잊히지 않을 것이다.

삶이란 부채를 갚아나가는 여정일지도 모른다. 나를 길러준 분들, 함께 울고 웃던 이웃들, 그리고 이름조차 모른 채 스쳐 간 인연들에까지 감사의 빚을 진다. 눈에 보이지 않아 더 무겁고, 문서로 남기지 않아 더 오래 남는 빚이다. 그 빚을 다 갚지 못하더라도, 최소한 갚으려는 마음만은 간직하고 싶다. 그것이 노년의 품격이요, 인생의 마지막 결산이라 믿는다.

한턱 때문에

졸업식이 끝났다. 고사리손엔 상을 들고, 발걸음은 허공에 뜬 채 학교 문을 나온다. 재우친 걸음은 언 보리밭을 가로질러 집 앞 우물가에 다다른다. 동네 한 선배가 부상을 꺼내 보고 도로 집어넣다가 케이스가 약간 찢어졌다. 그 상황이 왠지 사위스럽다는 생각이 들었다.

5월이 오면 생각나는 분이 있다. 초등학교 6학년 때 담임, K 선생님이다. 스승의 날이 숱하게 지나는 동안 한 번도 모시지 못했다. 그것이 한동안 가슴에 아쉬움으로 남아 있었다.

젊고 패기가 넘치는 선생님이었다. 반장인 나를 많이 아껴 주었고, 나는 존경하고 따랐다. 시오리 먼 길을 자전거로 출퇴근했다. 깡마른 체구에다 성정은 불같이 급했다. 학생들이 쉬는 시간에 '쉬는 것'을 못 보는 별난 선생님. 한 번은 친구들이 장난치다가 다리를 심하게 다친 일이 있었다. 몹시 화를 냈다. 해를 끼친 친구를 엎드리게 한 후, 다음 동작을 하려고 보니 마땅한 도구가 보이지 않았다. 마침 신체장애 친구의 지팡이를 발견하고는 그것으로 몇 대 내리친 후 교실을 나가버렸다. 쉬는 시간에 공부 안 하고 놀다가 다친 것이 문제였으리라.

그래도 학교에서는 '잘 가르치는' 선생님으로 알려진 모양이었다. 시골에서 대구의 일류 중학교에 응시했다가 낙방한 학생들이 재수하기 위해 선생님 밑으로 모였을 정도였으니 말이다. 수험생들이 단 몇 분도 허투루 쓰지 못하게 했다. 음악 교과서 앞표지 안쪽에 실린 〈대한의 노래〉에서부터 뒷부분 〈고요한 밤 거룩한 밤〉까지가 입시 출제범위였다. 매일 끝 교시 수업을 마치고 책가방을 싸면서 그 범위 내의 노래들을 가사와 계명으로 큰 소리로 부르게 했다.

경주로 수학여행 갔을 때였다. 거기선 왠지 공부 얘기는 접어두고, 오히려 추억거리를 많이 만들라고 일렀다. 놀 때는 후회 없도록 즐기라는 의미였으리라. 6학년 때 '이야기'는 먼 훗날 여러 학창 시절 중 가장 아름다운 추억거리가 될 것이라고 했다. 귀에 더께가 앉을 정도로 많이 들은 말이다. 그 먼 훗날이 어느새 내 앞을 지나고 있다. '초딩동창회'가 기다려지는 이유를 이제야 실감한다.

졸업 앨범 사진 찍고, 입시원서 쓰는 등 시간이 바쁘게 돌아갔다. 졸업을 앞두고 우리 반이 중심이 되어 사은회를 열었다. 240명의 학생과 네 분의 선생님이 우리 반 교실에 모였다. 나는 사회를 맡아 또렷한 목소리로 행사를 이끌었다. 선생님은 흐뭇하게 나를 바라보았고, 그날만큼은 내가 선생님의 자랑스러운 제자라고 믿어 의심치 않았다.

행사가 끝나고, 선생님은 나를 데리고 교실의 창문과 출입문 잠금장치를 단단히 점검했다. 그리곤 빈 책상에 걸터앉더니 "너, 이번 중학교 입학시험에 톱 끊어야 해."하면서 어깨를 두드려 주었다. 마음 뿌듯했다. 그런데 졸업식을 며칠 앞두고는 나지막이 귀띔해 주었다. 졸업식 때 '큰상'을 받게 됐으니, 그때 부모님 모시고 와야 한다고. 나는 그걸 귓등으로 듣고 말았다.

선생님은 내가 다니는 중학교 부근에 살고 있었다. 가끔 학교에 들러 철봉 옆 은사시나무 그늘 밑에 자전거를 세워놓고 운동하는 모습을 바라보곤 했다. 그때 두어 번 뵐 기회가 있었다. 이상하게도 인사할 때마다 겻섬 털듯 찬바람 일으키는 느낌을 받았다. '겨우 두석 달 사이에 이렇게 소원해질 수가….' 그때의 차가운 공기와 함께 마음 한구석이 오래도록 시렸다. 하지만 존경심만은 늘 그러안고 있었다.

문득 부상 케이스가 찢어진 것이 떠올랐다. 졸업식 때 '부모님 모시고 오라'는 의미를 거니채지 못했던 가벼운 무심함이 우리 사이의 실금이었는지도 모른다. 사회생활을 하고 철이 들면서, 어른들의 세계를 이해하게 되었다. 무 쪽같이 한턱 떼먹은 내 배는 불렀을지언정 마음은 무시로 허기졌다.

'한턱'이 내게 옹이로 박힌 채 많은 세월이 흘렀다. '86아시안게임' 때 모 구청 응원단을 이끌고 '대구시민운동장'에 갔을 때였다. 거기서 우연히 선생님을 만났다. 서로가 금방 알아봤다. 나와 같은 일로 학생들을 데리고 온 터였다. 반갑고 미안한 마음에 운동장 기념품점에서 간단한 선물을 사 드리곤 응원단 속으로 곧장 돌아왔다. 만남은 너무 짧았다. 그분은 당시의 그 일을 잊지 않고 있었을까. 그때의 '실수'를 변명할 겨를이 없었다. 못내 아쉬웠다. 스승과 제자 사이의 인연은 그렇게 세월을 돌아 다시 이어졌다.

헤어진 지 5년이 흐른 가을. 선생님의 동생이 헛김난 목소리로 비보를 전했다. 이승에서의 길지 않은 소풍을 끝내도록 재촉한 것은 후두암이었다. 같은 반이었던 친구 몇 명과 함께 영전에 엎드렸다. 구겨진 사제 간의 주름을 마주 보면서는 끝내 펴지 못했다. 얽힌 일의 실마리를 찾는 데도 때가 있다는 것을 새삼 깨닫는다. 또 다른 구김을 남겨 두지나 않았는지 이제 돌아볼 때가 아닌가 싫다.

그제야 알았다. '한턱'이라는 건 밥 한 끼의 약속이 아니라, 마음을 나누는 일이었음을. 그분은 언제나 내게 '한턱'을 베풀어 주던 마음의 스승이었다.

단아한 마무리의 꿈

“오늘, 서글퍼서 많이 울었어요.” 요양시설에 한 지인을 면회 갔다가 온 아내의 표정이 시무룩하다. 눈물에 인색한 사람이 웬 일인가 싶었다. 어디 아픈가 물어봐도 “그냥요.”하고 얼버무린다. 여성이 나이 들면 감정의 기복이 심해서 그러겠거니 했다.

거기엔 웃을 수만은 없는 일이 다반사라고 한다. 한 할머니는 고개 숙인 채로 가만히 있다가 다른 사람과 눈만 마주치면 “밤 먼나? 하룻밤 자고 가라.”라고 한다. 종일 하는 말이 그것뿐이다. 또 다른 할머니는 휠체어에 의지한 채 옆 할아버지한테 몰래 접근하여 그의 ‘배꼽 아래’를 만지다가 들키곤 한다. 돌발행동에 관계자들이 곤욕을 치른다. 비단 그 어르신들, 그 시설만의 문제는 아닐 것이다.

휠체어 할머니 우리 집에 모시고 오면 안 되냐고 했더니, 아내가 "왜?" 하면서 눈이 휘둥그레진다. 이내 뜻을 알아차리고 웃음을 터뜨렸다. 침울한 아내의 마음을 바꿔보려고 그냥 던진 농이었다. 그런데 아차, 내가 경솔하고 분별없는 말을 했구나 싶었다. 누구도 피해갈 수 없는 인생의 마지막 여정을 가벼이 여겼다는 생각에 마음이 무거워진다.

잠시 후 아내가 "당신, 운동 열심히 하시고…."하면서 내 손을 꼭 잡는다. 아내가 서글퍼서 울었던 건 내 생각도 했다는 것임을 곧장 눈치챘다. 여고 동창회에 갔다 온 중년 여성이 "영감 살아있는 년은 나밖에 없더라."라면서 눈물 찔끔거리더라는 우스갯소리도 있는데 왜 그러지, 싶었다. 약해진 내 모습이 당장 내일이라도 닥칠 것 같아 애틋해 보인 것인가. 보약 한 첩 안 먹어도 난 아직도 아무런 문제 없는데. 밥벌이에서 밀려나 뒷방지기 신세된 내 처지를 잠시나마 자신의 감정에 이입시키며 아린 마음이 되었기 때문이리라.

시간이 한참 흐른 뒤 역병 관련 문자는 어느새 사라졌다. 이제는 길 잃은 노인을 찾는 알림이 심심찮게 날아온다. 남의 일만은 아닌 듯, 점점 실감이 난다. 백세시대라고 오래 사는 것이 무작정 좋기만 할까. 최소한의 노후 대책과 건강이 따라 줄 때 가능한 일일 것이다. 그 조건이 갖춰지지 않은 노후는 결코 축복일 수 없다. 때에 따라서는 재앙이 될 수도 있다. 그런 세태를 말해 주는 일이 눈에 띄게 보인다. 제 살기 바쁜 세상에 부모를 부양하기가 힘들어서일까. 고의로 부모를 버리는 극단적인 경우가 어제오늘의 일은 아니지만, 그런 말 접할 때마다 충격에 빠지곤 한다.

최근 TV프로에서 현대판 고려장을 보았다. "어머니께는 수술밖에 방법이 없습니다."라는 의사의 말을 들은 아들은 큰 병원으로 가겠다며 노모를 퇴원시킨다. 그길로 노모를 태운 승용차는 '큰 병원'이 아닌 산골 외진 길로 들어선다. 운명을 예감했는지 조용히 눈을 감고 두 손을 모은 채 자신을 아들에게 맡긴다. 아들은 한 치의 망설임도 없이 홀어머니를 비참하게 버린다. 노모는 궂은날을 대비해 건설 현장 일용직을 전전하면서 따로 2천만 원이 넘는 돈을 모아놓은 터였다. 아들이 놈팡이처럼 빈둥거리며 그 돈을 탕진한 것을 동거녀가 눈치채자 끝내는 그녀까지 불귀의 객으로 만들어버린다. 이런 끝장 드라마가 또 있을까. 산다는 게 초로와 같다.

원인을 어디서부터 찾아야 할까. 이런 실상을 알지 못하고 우리의 가족제도를 찬양했던 아놀드 J. 토인비가 떠오른다. 지구가 멸망해 다른 별로 가야 한다면 "효와 경로사상이 아름다운 한국의 가족제도를 포함할 것"이라고 했다. 그 석학이 지금 다시 한국의 상황을 본다면 실수했다고 할까 싶다.

자식도 다 믿을 수 없는 세상이다. 무병장수가 복이라고 하지만, 배우자 없이는 의미가 없을지도 모를 일이다. 나와 아파트 같은 라인에 사는 한 홀아비와 서로 아는 체를 하며 지낸다. 그는 우리 부부가 다니는 모습을 볼 때마다 말을 걸어온다. 부러움이 묻어나오는 눈치다. 동년배인 그가 어쩐지 짠할 때가 있다. 그를 보면서 등 긁어 줄 짝이 늘 옆에 있다는 사실에 안도한다. 함께 우산을 쓰면 옷이 젖어도 좋다는 생각이 새삼스럽다.

치매 걸린 아내가 안타까워 요양시설이 아닌 자택에서 돌보던 한 노인의 이야기다. 어느 날 자다가 보니까 아내가 숨을 쉬지 않는 것을 발견하고 119에 연락을 한다. 숨이 끊어진 지 두어 시간이 지난 뒤였다. 남편은 조금만 일찍 발견했더라면 살릴 수 있었는데 하면서 가슴을 친다. 이를 본 119대원은 다음과 같이 위로한다.

"목숨이 붙어 있는 채로 병원으로 이송되면 무의식 상태로 1년이 갈지 2년이 갈지 모를 일이니 어쩌면 편안하게 가신 그것이 다행일지도 모릅니다."

공감이 가는 말이었다. 내 앞에 곧 닥칠 현실이다.

눈을 감고 요양시설의 상황을 그려본다. 나이 들어가면서 성격이 더 완고해진다. 그러니 오래 사는 것이 주변을 힘들게 하고, 허물만 자꾸 쌓아가는 일이다. 머지않은 날에 반드시 찾아올 죽음이라는 방문객을 어떻게 맞이해야 할지가 코앞의 숙제다. 자신의 삶을 주도적으로 마무리하는 것은 어려운 일일까. 삽관한 채 병상에서 의미 없는 숨만 헐떡거리는 사람들. 시간이 명줄을 다 갉아먹을 때까지 방치하는 것이 과연 옳은 것일까. 분별력이 있을 때 환자 본인과 가족·의료진의 뜻이 한데 모여야 삽관제거가 가능한 일이니 깊은 실천적 용기가 필요하리라. 연명치료 거부를 감행하는 단호한 이별이 그렇게도 어려운 것일까.

때로 인간은 생로병사의 고통에서 벗어나기 위해 절대자에게 마음을 의지해왔다. 종교를 대하는 태도는 개별적이다. 수도승은 해탈의 경지에 이르기 위해 끊임없이 수행한다. 범인에게도 고통의 객관화를 위한 최소한의 수양이 필요하지 않을까. 신앙의 울타리 안에 나 자신을 가두어놓고 있긴 하다. 하지만 울타리가 허술한지, '법당 뒤로만 도는' 심사가 사나운지 자꾸만 담치기하니 제대로 될 성싶지 않다. 많은 이가 그러하듯이 절박한 순간에 다다라서야 '하나님'을 찾는 어리석음을 범하진 않아야 할 텐데.

임종을 맞는 태도가 단아했으면 하는 꿈을 꾸어본다. 삶의 불꽃이 다 연소하여 그을음을 남기지 않고 가뭇없이 사그라질 수만 있다면 더 없는 복이리라. 올 때도 내 맘대로 온 것은 아니었고, 갈 때도 내 뜻대로 마무리할 수 있는 일이 아니니 때로 조바심이 난다.

이따금 백 번째 봄을 맞는 이의 소식이 들리지만, 나의 마지막 봄은 몇 번째가 될까. 삶이 끝나는 자리에서 어떤 이는 죽음을 보고, 또 다른 이는 영원의 문턱을 본다. 무늬만 교인인 나는 무엇을 보게 될는지….

백일몽의 끝자락에서

한 해가 저문다는 사실은 늘 금세 체감되지만, 올해는 유독 빠르게 지났다. 소마세월이라는 말이 괜히 나온 게 아니리라. 마음 속 어딘가가 가랑잎처럼 바삭거리고, 사소한 일에도 곧장 균열이 생길 것만 같았다. 그 묵은 갈증을 달래보려 아내와 함께 길을 나섰던 어느 날, 지금도 설명하기 어려운 일 하나가 나에게 찾아왔다.

편도 2차로에서 우회전하려는 참이었다. 1차로 맨 앞에서 대기 중인 차량의 뒷자리 번호 두 개만 비스듬히 보인다. '○○53'이다. 문득 앞자리 두 개 숫자는 '68'이라는 생각이 스쳤다. 이유는 설명할 수 없었다. 그냥, '그럴 것 같다'라는 묘한 압력 같은 것이 내 안에서 밀려올 뿐이었다. 마치 오래전 꿈에서 본 장면이 불현듯 현실에 겹치는 기시감.

'6853'.

스스로에게 최면을 걸듯 주문을 중얼거렸다. 이 상황을 아내에게 말하려는 순간, 신호가 바뀌고 차들이 움직이기 시작했다. 저 앞서가는 차량의 전체 번호판이 보였을 때, 나는 순간적으로 몸이 굳었다. 숫자는 정확히 내가 떠올렸던 그대로였다. '착각'이라는 말로는 설명되지 않았다.

그때부터 마음이 희한하게 들떠 올랐다. 내가 알지 못하는 '어떤 존재'가 등 뒤에서 나를 살짝 밀어준 듯했다. 이러한 느낌은 곧 무언가 일을 낼 것 같은 쓸데없는 자신감으로 번져갔다. 상서로운 기운이 몰려올 때 무엇을 해야 할까 고민하다가, '복권'이라는 단어에 닿았다.

문제는 어떤 종류를 사느냐였다. 로또처럼 큰돈이 걸린 복권은 한 번에 일생을 바꾸는 만큼 위험했다. 세상에는 큰돈 손에 쥐었다가 오히려 파탄이 난 사례가 적지 않으니 말이다. 하지만 한편으로는 인간이 원래 그렇듯, 상상이라는 것이 꼬리를 물었다. '만약'이라는 가정이 내 속에서 문을 열고 들어오니 자연스레 돈의 쓰임도 따라왔다.

큰아들 개업하는 데 모양 나게 보태고, 둘째 며느리 힘겨운 교편생활에서 벗어날 수 있도록 도와주고…. 손주 넷의 미래에 작은 디딤돌도 놓아 주어야 한다. 그러나 이런 그림은 곧 현실의 무게와 마주한다. 두 아들의 몫을 어떻게 나눌 것인가, 장손이라는 전통적인 질서는 어떻게 고려할 것인가, 혹시 서운함을 만들지는 않을까. 결론은 간단했다. 가정의 화목이 흔들릴 가능성이 있는 로또는 피하자.

두 번째 고민이 시작됐다. "그렇다면 어디서 살 것인가." 명당이라는 이름 아래 복권 판매점도 관광지가 되는 세상이다. 지인 중에는 출장만 가면 그 지역에서 복권을 사던 사람이 있었다. 장소의 기운이라는 것을 믿는 듯했다. 나도 큰아들 사는 서울에서 살지, 부산 손주 보러 가는 길에 살지, 아니면 명당이라는 곳을 찾아 전국을 떠돌지…. 마음은 여러 갈래로 흔들렸다. 하지만 오래지 않아 생각을 굳혔다. "비 오는 세월엔 돌도 자란다."라고 했는데, 장소가 문제이랴. 내 거주지 주변에 1등 당첨 번호가 나온 매장을 찾기로 했다.

문제는 마지막 하나, "언제 사느냐"였다. 술도 괼 때 걸러야 제맛이 나듯이 매사에는 때가 있기 마련이다. 기회는 짧고, 잡지 못하면 연기처럼 사라진다는 생각이 더해지자 마음이 조급해졌다. 여러 번 숙고 끝에 이틀날 점심 무렵 조용히 다녀오기로 했다.

묘한 일은 겹치는 법일까. 아무도 모르게 간다고 갔는데, 그곳에서 내 사는 아파트 경비아저씨와 딱 마주쳤다. 괜히 들킨 것 같아 민망했지만 태연하게 인사를 건넨 후 다른 물건을 사는 척하면서 시간을 끌다 보니 그가 보이지 않는다. 여러 종류 중 연금복권 다섯 장을 골랐다. 그 순간만큼은 '이건 확실하다'라는 엉뚱한 확신이 마음속에서 단단히 자리 잡았다.

새가 알을 품듯이 그것을 지갑 속에 품고 구름 위를 걷는다. 그러다가 추첨일을 잠시 잊어버리고 지냈다. 열흘 만에 확인해 보니 끝자리 수 두 장이 당첨되었다. 맨 꼴찌 등수다. 두 장을 바꾸었다. 일주일 후에 맞춰보니 한 장만 걸렸다. 또 그 끝자리 수다. 그다음 남은 한 장은 완전 꽝이었다. 순간 마음이 허전해졌다. 기대가 스르르 빠져나간 자리로 겨울바람이 더 깊숙이 파고들었다.

살아온 시간을 돌이켜보면, 행운을 기대하지 않았다. 더욱이 노력한 만큼 이상의 복을 얻은 기억이 없다. 아내 역시 요행을 바라지 않는 사람으로 독한 겨울바람처럼 냉정한 성미를 가졌다. 이 일을 알았다면 뭐라고 했을까. 그래도 작은 행운 하나쯤은 보여주고 싶었다는 마음이 조금 남았다.

꿈은 원래 허망하다. 이루지 못해도 스스로 위로가 되는 법이다. 하지만 이번엔 이상하게도 맞힌 차 번호에 대한 확신이 있었기에 허탈함도 그만큼 컸다. 끝내 백일몽이었지만, 잠시나마 미몽 속에서 행복했을 뿐이다.

문득 미소가 피어올랐다. 지금까지 살아온 자체가 이미 '로또'

아니던가. 아내와 아들들, 며느리와 손주들. 이만큼의 복을 누리며 살아왔는데 내가 뭘 더 욕심내려 했던가.

새로운 종이를 긁어야만 당첨이 있는 것은 아니다. 이미 내가 걸어온 길 위에서 발견한 소소한 기쁨들, 평범한 일상의 순간들. 그게 오래 묵혀온 진짜 복권이 아닐까.

응어리를 풀며

"스승의 그림자도 밟지 말라."는 말이 있다. 교사는 많았지만, 진정한 스승이 있었던가, 싶다. 학창 시절이 인생에서 가장 아름답다고들 하지만, 그것은 개별의 기억일 뿐이다. 어떤 이에게는 그 시절이 생채기가 되어 마음속에 진한 얼룩으로 남기도 한다.

초등학교를 졸업하고 상급학교에 다니려면 십 리 길을 걸어야 했다. 비포장길, 사계절 먼지바람을 벗 삼았다. 먼 길을 가느라 첫 교시부터 배가 고팠고, 하루하루가 고행이었다. 시장통에서 사다 준 허름한 교복엔 늘 입이 나와 있었다. 그래도 진학 길이 막힌 친구들에 비하면 사치였는지도 모른다. 학교 근처에 사는 친구들의 깔끔한 차림에 비해 내 모습은 촌티가 흘렀으리라. 선생의 그림자에조차 고개를 치켜든 적이 없는데도 왜 신임받지 못했을까, 지금도 가끔 되묻게 된다.

인정해주던 선생님도 있었다. S 선생님이다. 모교의 한 선배가 이발소를 하며 힘들게 번 돈을 장학금으로 내놓았는데, 나와 후배 한 명이 그것을 받게 되었다. 담임을 맡은 지 얼마 되지 않아 나를 잘 알지 못했을 텐데도 추천했다는 게 의아했다. 아마 그분의 담당 교과목에서 내 성적이 높았던 기억이 남았기 때문이었을 것이다.

학교 소재지의 몇몇 교사들은 교장과 같은 교회에 다니며 은근히 세를 과시했다. 그중 A 교사는 늘 '선한 사마리아인'인 체하며 앞장섰다. 친구 K는 그들의 집을 자주 드나들며 여러 가지 정보를 물어 나르곤 했다. 교사들은 그를 이용해 학생들의 동향을 살피기도 했다.

장학금을 받은 지 한 달쯤 지나서였다. K가 귀띔했다. "A 선생이 장학금 받고도 왜 인사하지 않느냐고 하더라." 처음엔 흘려들었는데, 얼마 뒤 또 같은 말을 전했다. 담임은 말이 없는데 A가 또 총대를 멘 모양이었다. '제기랄, 누가 장학금을 달라고 했나.' 은근히 부아가 치밀었다. 하지만 괜히 미움 살까 봐, 장학금을 낸 분께 인사를 드리기로 했다. 내 어머니와 후배의 어머니가 생닭 한 마리씩 사 들고 찾아뵈었다. 그러면 됐다고 생각했는데 그게 아니었다. 사례는 교사들에게 해야 했다. 먹고살기에 바쁜 부모도, 세상 물정 모르는 학생도 그런 일에는 서툴렀다. 그 때문이었을까. 이후부터 일이 꼬이기 시작했다.

그 무렵 도서관에 여고 졸업 후 갓 들어온 비정규직 사서가 있었고, 나는 친구 한 명과 방과 후에 그녀의 일을 도왔다. 어느 날 A가 "도서관 책이 없어졌다."라며 분위기를 띄웠다. 며칠 뒤 도서관 관리책임자인 B 교사가 나와 친구에게 수업이 끝나고 도서관에서 기다리라고 했다. 영문을 몰랐다. 문이 드르륵 열리고 회초리를 든 그가 들어왔다. "이실직고해라." 자초지종도 듣지 않은 채 등짝을 몇 대 갈겼다. 내 안에서 분노가 요동쳤다. 그는 이어 책 분실 이야기를 꺼냈다. '아하, A가 띄운 말이 이거였구나.' 도둑으로 몰 작정이었다. 책값을 물어내면 조용히 넘어가겠다고 달래기도 했다. 부모님께 말씀드렸느냐며 다그쳤지만, 우리 입에서 그가 원하는 답은 나오지 않았다.

도서관 책은 거저 줘도 필요 없는 것들이었다. 하교 후 집안일을 돕느라 교과서 볼 시간도 부족했는데, 도서관 책을 훔친다는 게 말이 되던가. '양서의 책갈피에도 부당한 매가 있구나.' 그날 이후 학교가 싫어졌다. 그들의 인격을 가늠하게 되었고, 내 안엔 증오가 끓어 올랐다.

다행히 원만한 교우관계 덕에 원군이 나타났다. 사서가 도서관 문을 잠그지 않은 채 외출하는 걸 봤다는 증언이 잇따랐다. 그제야 추궁이 잦아들었고, 어느새 사건은 조용히 묻혔다. 누명은 벗었지만, 그때 입은 상처는 세월이 흘러도 아물지 않았다. 21세기 초반까지 동창회에서 매년 스승의 날에 은사들을 초대했다. 그들이 늘 참석했다. 오랜 기간 모임을 이어오면서, 내가 회장을 두 번이나 맡았기에 대면할 기회도 많았다. 그런데도 사과 한마디 없었으니, 용서할 일도 없었다. 이제야 내가 나서서라도 풀어야 한다고 되뇌지만, 매듭은 칼로 베듯 풀리지 않는다.

그 일 이전에 B가 담임이었을 때 또 다른 악연이 있었다. 친구의 결혼식장에서 그를 만났을 때였다. 성적 우수자에게 수업료를 면제해주는 제도가 있었는데, 나를 제쳐두고 다른 학생에게 혜택을 준 일을 미안하다고 했다. 십수 년이 지나도록 그 일을 기억하고 있었다. 그뿐만이 아니다. 내 아버지와 한동네 절친의 어머니가 석 달 간격으로 별세했을 때, 내게 조문 온 친구는 한 명도 없었다. 반면 친구의 모친상에는 담임의 주도로 반 친구들이 십시일반 조의금을 모았다. 나와 한 친구가 그 봉투를 들고 조문을 갔다. '내 감정을 무시한 채 그런 일을 시키다니….' 그날 밤, 서러움에 입술을 깨물며 뒤척였다. 그때 이미 편애의 한 단면을 보았던 셈이다.

학교를 떠난 뒤 오히려 더 많은 '스승'을 만났다. 1970년대 중반, 남들보다 조금 일찍 끌려간 군대에서였다. 선임들의 배려 덕에 단체 기합 때도 매가 나를 비껴갔다. 조치원 유격훈련 때 화생방 체험실에도 빠졌다. 그때마다 다른 일을 맡겼다. 의도적인 배려였다. 한 선임은 ≪전환시대의 논리≫ 등 리영희 교수의 책 몇 권을 건네주었다. 그 덕에 세상을 보는 시각이 한쪽으로 치우치지 않게 되었다.

현직에 있을 때도 좋은 선배들을 만났다. 부족한 나를 품어주었고, 덕분에 큰 노력 없이도 남들이 선망하는 자리에 들어설 수 있었다. 일로써 보답하려다 보니 힘이 들 때도 있었지만, 보람이 더 컸다. 닮고 싶던 한 선배. 그는 모 구청 간부로 있을 때 옆에 있도록 발탁해줬고, 막내 동생뻘인 나를 인격적으로 대우했다. 절대 남에게 아쉬운 말을 하지 않는 꼿꼿한 성품이었다. 하지만, 나와 관련된 일이라면 상대에게 머리를 숙였다. 시청에서 지하철로 옮길 때 신분 변동이 쉽지 않았는데, 몇 번이나 찾아가 설득한 끝에 시청의 족쇄를 풀어주었다.

철이 들고 보니, 악연도 내 삶의 한 조각이었다. 감수성 예민하던 시절의 그 사건들이 나를 단련시켰다. 그 덕에 이후의 처세를 바로 세우고, 도움을 받는 입지를 스스로 만들어왔다. 용수철처럼 튀어 오르는 감정을 불돌로 억눌러가며 스스로를 다독였다. 참 용하다 싶었다.

강한 열과 압력을 견딘 석탄이 다이아몬드가 되듯, 인간의 삶도 그렇다. 수모와 핍박의 편린들을 하나씩 챙겨 재배열하면서 내면을 단단히 다져왔다. 그것이 성숙의 길이었다.

악연이라며 풀고 싶어 했지만, 이제 와서 풀 일도 없으리라. 악연을 선연으로 바꾸는 것 또한 마음먹기에 달린 일이다.

악연이 내 인생의 진정한 스승이었고, 내 삶을 맑게 해준 정화수였다.

삼진아웃

인사를 건넸는데 아는 체도 않는다. 무시하는 건가 싶기도 하고, 세태가 그런가 싶기도 하다. 나이의 많고 적음과는 무관하다. 나도 아예 무시하면 그만인데, 그 이후가 아주 거북스럽다. 일상에서 자주 겪는 일이다.

'삼세번'의 사전적 풀이는 '더도 덜도 없이 꼭 세 번'이다. 우리의 일상에서 '삼', 또는 '세 번'이라는 말이 깊숙이 배어있다. 운동경기나 놀이 문화에도 세 번 만에 승패를 결정짓는 경우가 많다. 잘못을 저질렀을 때 두 번까지는 용서해도 세 번째는 벌을 내린다. 재판에는 삼심제도가 있고, 국회에서 의결을 선포할 때도 의사봉을 세 번 두드린다. 일을 결정하기 전에 세 번의 같은 과정을 거치며 생각할 기회를 준다는 뜻일 것이다.

퇴직 후, 이웃과 자주 만나면서부터 생긴 일이다. 아파트 승강기 안에서 내가 먼저 인사를 건네는 편이다. 두세 번 정도 아는 체를 했는데도 외면할 때는 며칠 동안 그 일로 마음이 쓰인다. 그러다 머릿속 '삼진아웃' 목록에 올린다. 좁은 공간에서 낯익은 사람끼리 서로 모른 척하는 일만큼 불편한 것도 없다.

한 아주머니는 애완견 2마리를 늘 끼고 다닌다. 같이 탄 사람에게 피해를 줄까 봐 미안한 표정으로 먼저 인사한다. 대개 여성들은 오랜 기간 면이 쌓이면, 눈인사 정도는 나눈다. 하지만 남성들은 어쩐지 목에 힘이 들어가서 그런지 풀 먹인 베적삼 같다. 입 다문 조개처럼 쉽게 말을 꺼내지 않는다. 먼저 인사말을 하고 싶어 입이 간지러운 나와는 다르다. 직장에서도 안하무인으로 굴며 사람을 무시하는 이도 있다는데, 이웃을 외면하는 정도쯤이야 무어라 탓할 수만은 없는 노릇이다.

A는 내 아들뻘이다. 그를 볼 때마다 마음이 편치 않고 자존심이 상했다. 그가 사는 층에 승강기가 걸려 있으면 버튼 누르기가 망설여진다. 어떨 때는 일부러 피해서 7층 계단을 걸어서 내려가기도 했다. 덩치 큰 그와 좁은 공간에 서 있을 때면 층 표시 알림판의 긴 호흡에 숨이 턱턱 막힌다. 담배 냄새까지 더해지면 더욱 그렇다. 그러다 언제부터인가 나를 보면 고개를 푹 숙인다. 미안한 내색이다. 이때다 싶어 내가 신호를 보냈더니 그도 반응했다.

화해한 셈이랄까. 그날 이후로 그에게 채워졌던 삼진아웃을 풀었다. 마음이 한결 편안하다. 그에게서 담배 냄새가 사라진 것 같다.

1층에서 꼭대기 층에 머문 승강기를 불러 내리고 있는데 등 뒤에서 인기척이 난다. 곁눈질로 보니 나보다 두어 살쯤 아래인 위층의 B다. 내가 뒤에 도착했더라면 피해서 계단을 걸어 올라갔을 텐데, 이러지도 저러지도 못해 함께 타게 되었다. ○층 버튼을 누른 후, 바로 위층을 눌러주려다 무르춤했다. 숨소리를 죽이고 시선을 내리깐다. 침묵이 몸집을 점점 불려가 공간이 더 좁게 느껴진다. 내리면서 '잘 가세요' 한마디라도 할까 말까 갈등한다. 혹여 그가 먼저 말을 건네면 어찌 대응해야 하나 생각했지만, 다행히 말이 없다. 또 그렇게 불편한 순간을 넘겼다.

B의 아내는 우리 부부를 만나면 "요즘 많이 시끄럽지요?"라며 말을 먼저 건넨다. 한동안 밤늦은 시간대 쿵쿵거림과 피아노 소리에다 소음이 있었다. 아래위층에 사는 우리로서는 늘 괜찮다고 했다. 20대 중반쯤 된 그의 딸도 얼굴은 익지만, 서로 모른 체하고 지냈다. 그녀는 피아노 연주를 자주 한다. 어느 날, 혹시 말을 못 하는 게 아닌가 싶어 고의로 말을 걸어보았다. ○층에 사느냐고 묻자, 짧게 "네"라고만 답했다. 그때 이후론 언제 봤냐는 듯 또 외면이다.

이웃을 외면하는 정도는 그나마 약과다. 어느 날 아침, 엘리베이터 앞에서 부자간의 어색한 장면을 목격했다. 나이 지긋한 아버지는 아침 운동을 하고 오는 걸음이었고, 서른도 안 돼 보이는 아들은 출근 차림이었다.

"가나?"

"……."

대화라기보다는 아버지의 독백 같았다. 집안에서 무슨 일이 있었을까. 아마 평소에도 그렇게 마주하는지도 모르겠다.

한 번은 아내와 함께 승강기를 탔는데 그의 형이 탔다. 동생과 피장파장이다. 내게는 삼진아웃 목록에 이미 올라 있는 인물이었다. 그걸 모르는 아내가 먼저 인사를 했지만, 그는 못 들은 척한다. 내가 짓궂게 그가 들으라는 듯 약간 큰 소리로 말했다. "이 동네에서 먼저 인사하는 사람은 바보야." 그의 표정엔 아무 변화도 없었다. 그렇게 아껴둔 말을 어디다 쓰려는 걸까. "침묵은 금이다."라는 말을 곧이곧대로 믿는 건 아닐까.

여러 번 문자로 연락을 했는데도 아무 반응이 없는 사람이 있다. 나와의 관계를 더는 이어가지 않겠다는 뜻으로 읽힌다. 곧장 내 기억 속 목록에서 지워버리고 '삼진아웃 대장'에 등재한다. 가부 의사를 묻는 연락조차 무시당하는 때가 있다. 연말연시나 명절에 인사치레로 보내는 메시지라도 답신 글 한 줄 주는 게 상대에 대한 최소한의 예의가 아닐까.

언제부터 사람 사이가 이렇게 황량해졌을까. 시대 변화를 내가 따라가지 못하는 건가. 고향 집처럼 편안하고 아늑하던 '이웃사촌'이란 이제 옛이야기가 되어버렸다. 담 너머로 접시 돌리던 시절로 돌아갈 수는 없지만, 서로 눈인사 정도는 나누며 살 수 있기를 바란다.

'삼진아웃'은 결국 내 독백일 뿐이다. 어쩔 수 없이라도 말을 걸고, 그 답을 기다리는 편이 마음은 덜 삭막하다.

밭은 넓혔지만, 길은 잃었다

그것은 어느 한 지역에만 국한된 일이 아니었다. 비봉산 아래에도 한때 만연해 있었다. 계절을 상징하는 열두 가지 색깔의 그림이 한적한 겨울 농촌을 휘젓고 다녔다. 그곳에는 희망보다 한숨이 많았고, 일보다 운을 믿는 사람이 많았다.

오래전부터 비봉산에는 봉황이 살았다고 전해온다. 비봉 연봉이 가파르게 내려오다가 마을과 저수지를 하나씩 품고 서서히 자진한다. 저수지는 그 아래의 농토를 적시며 개울을 거느린다. 그곳은 우물가와 함께 아낙네들의 소통 공간이고, 마을 입구 느티나무 그늘은 남정네들의 사랑방이었다. 담장 너머로 제삿밥을 나누고 정을 주고받으며 누대를 이어온 마을이 있다.

이 마을은 한동안 온통 흐리고 어지러웠다. 여느 마을처럼 씨

받이를 들이는 중혼을 예사로 여겼다. 첩이 조강지처를 몰아내고 안방을 차지하고서도 목소리가 쩌렁쩌렁했다. 그보다 더한 고질병은 노름이었다. 열 손가락이 온전한 어른들은 대부분 놀이 삼아서도 화투에 손댔다. 유년의 어느 날 아버지와 어머니가 집이 무너지도록 다투는 소리를 들었다. 아버지의 노름 때문이었다. 다행히도 그 사건 이후로는 완전히 손을 뗐다. 막연히 불안해했던 내게도 삼한사온 중에 포근한 날이 온 것 같았다.

가을걷이가 끝나면 북서 계절풍이 불어닥쳤다. 그것은 언제나 빈손으로 오지 않았다. 열두 가지 그림을 담요 때기에 숨겨서 들어온다. 그것은 해를 빨리 밀어내고 밤을 길고 깊게 한다. 밤마다 마흔여덟 장이 춤을 춘다. 그 장단에 맞춰 곳간에 쌓아둔 볏섬이 채 마르기도 전에 퍼내어 진다. 땅문서가 오간다. 일진광풍이 마을을 한바탕 휩쓴다. 비봉산의 잔설이 녹아내려 개울물이 불어나면 농사철이다. 사람들은 가을까지 논밭에다 코를 박고 있다가 그 계절풍이 불어오면 또다시 고질병이 도졌다.

노름판의 속성을 정확히 알지는 못했다. 하지만 술값과 불전 개평으로 판돈은 모두 날아가고 딴 사람이 없다는 말을 다 믿을 수는 없었다. 내 친구의 아버지는 마을에서 손꼽히는 부잣집 아들이었다. 마당에 소가 서너 마리, 헛간에는 볏단이 산처럼 쌓였다. 하지만 그 모든 풍요는 어느 날부터인가 조금씩 사라지기 시작했다. 화투판의 웃음과 함께. 끝내는 집안의 논밭이 하나씩 노름판 위로 넘어갔다. 그것을 안 친구는 체념보다 부끄러움이 앞선다고 했다.

그 집의 재산을 가져간 이는 또 다른 친구의 아버지였다. 그는 놀랍게도 재빠른 손놀림으로 돈을 쓸어 담았다. 하루아침에 논이 두 배로 늘었고, 아이들은 도시로 공부하러 나갔다. 사람들은 그를 '질나이'이라 불렀다. 하지만 인생은 그렇게 단순한 도식으로 끝나지 않았다. 세월이 흐르면서, 그 많던 논밭도 하나둘 남의 손으로 넘어갔다. 땅이 많아질수록 마음이 허전해지고, 허전함을 메우기 위해 더 큰 욕심을 좇았다. 노름이 남의 재산을 삼키던 것처럼, 이번에는 그의 탐욕이 그 집안을 삼켰다. 자식은 물려받은 손기술을 믿고 설치다가 낭떠러지로 밀렸다.

이들의 이야기는 지금도 내 기억 속에 그림처럼 남아 있다. 하나는 모든 것을 잃고서 비로소 일의 가치를 배운 집, 다른 하나는 모든 것을 얻고서 결국 자신을 잃은 집이다. 인생의 굴곡은 숫자나 재산의 많고 적음에 따라 그려지는 게 아니었다. 삶의 무게가 '어디서 멈추느냐'와 '무엇을 버리느냐'에 달려 있었다.

노름판 뒷소문은 늘 마을을 술렁대게 했다. 우물가에는 앵두알보다 많은 수군거림이 물동이에 쏟아져 담겼다. "겉보리 서 되만 있으면 처가살이하지 마라"라고 하던 시절이었다. 무남독녀 집안에 데릴사위로 들어간 팔 척 거한 K는 얼마 안 되는 전답을 홀랑 노름판에서 날린다. 어느 날, 돈 벌러 간다고 소식 끊고는 3년 후에 겨울 산의 나목처럼 돌아왔다. 원양어선에서 임금 한 푼 못 받고 노동을 착취당했다는 것이다. 동구 밖 500년 풍상의 느티나무는 수많은 사연을 알고 있었으리라.

그때 가난의 굴레는 가히 설화의 이야기만 같았다. 가난은 누구의 책임도 아니고 시원적으로 그러한 것인 줄 알고 살았다. 거기에 도박까지 겹쳤으니 설상가상이었다. 오랜 세월 동안 느티나무에 동제를 지내왔다. 하지만 이 수호신도 열두 가지 그림을 완전히 몰아내기에는 버거웠나 보다. 돈을 딴 몇몇 사람은 동제의 효험을 들먹였을 것이고, 잃은 사람은 푸념을 퍼부었으리라. 그 무렵부터 비봉산의 봉황도 보이지 않게 되었을지도 모를 일이다.

1970년대 초 '잘살아보세' 열풍에 눌려 북서 계절풍은 색깔도 묻히지 않고 혼자 슬며시 왔다가 곳간을 채우곤 떠난다. 비봉산에 먹장구름이 한바탕 소나기를 쏟고 지나간다. 하늘이 명징하다. 계곡엔 맑은 물이 흐른다. 봉황의 노랫소리가 다시 들리는 듯하다. 사람들은 일터로 돌아갔고, 논밭에는 다시 웃음이 피었다. 그때 깨달았다. 노름판의 승부보다 더 큰 승부는, 삶을 어떻게 가꾸느냐에 달려 있다는 것을.

질곡의 삶을 살아온 세대가 아버지 세대다. 그 가난의 멍에를 대물림받을 처지였던 우리 세대는 다행히도 산업화의 순풍을 탔다. 그런데 호사다마라고 했던가. IMF라는 된서리에 휘청거리면서 은행 이자와 목숨을 건 전쟁을 벌이는 이가 많았다. 총칼보다 무서웠다. 도시 생활에서 신용불량자가 되어 너덜너덜해진 삶의 보따리를 넝마처럼 둘러메고 고향을 기웃거렸다. 하지만 대부분 시퍼런 물이 소용돌이치는 계곡과 깔딱고개 산뿐인 곳에 눌러앉지는 못했다.

돌아보면, 내가 지나온 길도 낭떠러지가 아닌 곳이 없었지만, 용케도 피해 나왔다. 물가에서는 옷이 젖기 마련이다. 하지만 그것을 말리고 털어내는 일이 쉽지 않았다. 조용히 눈을 감는다. 꿀벌보다 부지런하던 중년의 아버지가 개울물에 삽자루를 씻는 환영이 흐른다. 그런 아버지와는 전혀 다른 이미지가 하나 나타난다. 딴 돈을 소 여물통 밑에 숨겨 둔 적이 있었다고 무용담처럼 얘기했다. 그 돈을 다음 판에서 다 날렸지만.

아버지의 부정적인 흔적이 묻은 얼룩진 일상은 멀리하고 싶었다. 더 나아가 그 세대의 바람직하지 않은 문화까지 극복하려고 애를 써왔다. 투기와 오락을 금기시했다. 군 시절에 잠깐 배운 적 있는 술과는 불혹에 이를 때까지 담을 쌓았다. 그러면서 헐렁한 내 삶도 비봉산 개울물에 쓸리는 돌처럼 단단해져 갔으리라.

땀으로 일군 밭은 거짓이 없고, 탐욕으로 불린 재산은 길을 잃는다는 것을 깨달았다. 세월이 흘러 마을의 풍경이 변했어도, 그때의 교훈만은 아직 내 마음의 표석으로 남아 있다.

밭은 넓혔지만, 길은 잃었던 사람들. 오늘도 그들의 이야기를 떠올리며, 내 삶의 밭을 가만히 다독여 본다.

마스크의 겨울

그해 겨울은 유난히 고요했다. 도시는 마치 갑자기 시간이 멈춰버린 듯 적막했다. 평소라면 사람들로 북적일 번화가도, 광장도, 지하철역도, 바람만 드나드는 빈터처럼 텅 비어 있었다. 마스크를 사기 위해 길게 늘어선 줄만이 여전히 '사람 사는 공간'임을 증명해주었다.

줄의 끝은 늘 보이지 않았다. 문이 열릴 때마다 기대와 실망이 번갈아 찾아왔다. 오늘은 그래도 살 수 있을까, 하는 마음으로 두 시간 넘게 서 있었다. 그 일이 점점 자연스러운 일상이 되어갔다. 어떤 날은 허탕을 쳤다. 또 어떤 날은 사재기라도 하듯 몇 장을 손에 넣었다. 그것이 작은 행운처럼 느껴졌다.

그 한편에서, 사회는 혼란 속에서 방향을 잃고 있었다. 곳곳에서 쏟아지는 말들, 서로 다른 지시와 설명, 하루에도 몇 번씩 바뀌는 방침들. 위기 상황에서 필요한 것은 정확한 정보와 일관성일 텐데 사람들의 기대는 종종 어긋났다. 전문가의 의견이 충분히 전달되지 못했다. 책임의 소재가 엇갈리며 서로 누구의 탓인지 가늠하려는 분위기가 일기도 했다.

시민들은 그 모든 혼란 속에서도 자기 자리에서 묵묵히 하루를 살아냈다. 골목 약국은 매일 문 열기 전부터 줄이 늘어섰다. 편의점 직원들은 끝없이 "마스크 오늘 안 들어왔습니다"를 반복해야 했다. 국민 개개인이 스스로 자신과 가족을 지키기 위해 힘겹게 하루를 버티던 시기였다.

멀리 있는 큰아이 가족 생각에 불안감이 밀려들었다. 생후 6개월 된 갓난아이의 장거리 여행은 아무래도 무리였다. 그해 12월 초, 다가올 설날엔 집에 오지 말라고 했다. 큰아이는 그 말을 듣고도 어쩐지 즉답을 피한다 싶었다. 12월 30일, 갑작스럽게 가족 동반 하와이로 떠났다. 두 달가량 머무를 요량이라 했다. 초등학교 1년생인 손자의 영어 학습 기회도 된다면서. 아내와 나는 언짢았지만, 말을 삼키고 있었다.

설 연휴를 앞둔 1월 20일, 국내 첫 확진자가 발표되었다. '혹시 대구에서도….' 나는 일찌감치 몸조심에 들어갔다. 지인의 예식장에 얼굴만 내밀고는 곧장 돌아 나왔다. 설마가 역시로 바뀌었다. 2월 18일, 대구에서 첫 확진자가 31번 꼬리표를 달고 나왔다. 이후 숫자는 눈 깜빡할 사이에 늘어났다. 한국인에 대해 빗장을 지르는 나라가 늘고, 자국민이 한국으로 들어오는 것도 막고 있었다. 자연스럽게 한국행 항공편도 줄어들 것은 뻔한 일이었다.

귀국을 하루 앞두고 뜬금없이 일주일 더 체류하겠다고 한다. 그러려니 하던 중에 갑자기 확진자가 천명을 훌쩍 넘어선다. 관청에서 보내는 「안전안내문자」가 여기저기서 쏟아진다. 아들의 결혼식을 연기하게 됐다는 지인으로부터 소식도 날아든다. 심각한 상황임을 온몸으로 느낀다. 연이어 비행기가 안 뜬다는 아들의 말이 돌아온다. 그나마 귀국 일정이라도 잡혔는지 문자를 보냈다. 여느 때 같으면 즉각 답장을 보내왔을 텐데 무소식이다. 아예 연락 두절 상태다.

부모의 마음이란 자식이 가까이 있어도 멀리 있어도 걱정은 매한가지다. 하지만 불안을 키운다고 상황이 달라지는 것도 아니었다. 스스로 마음을 다독이며 2015년 메르스 사태 당시를 떠올렸다. 그때 큰아이의 병원은 기적처럼 안전했다. 자꾸 떠오르는 그 생각은 '그래, 이번에도 무사하겠지'하는 작은 위안이 되었다.

문자 보낸 지 12시간, 그 피 말리는 기다림 끝에 대답을 들었다. "아버지, 한국시간 내일 08:00 비행기 탑니다." 하지만, 그것도 '내일'이 돼 봐야 하는 일 아닌가. 다행스럽게도 아침 일찍, 네 식구가 마스크 끼고 공항에서 대기 중이란 말을 듣고서야 마음을 놓는다. 그렇게 한바탕 홍역을 치렀다.

노란 근무복을 입은 이들이 옆구리에 서류 뭉치를 잔뜩 끼고 분주하게 움직인다. 현장을 챙기고 보고서를 만들고 지침을 정비하느라 얼굴이 까칠해져 있었다. 하지만, 그들의 노력이 빛을 발하기까지는 여전히 넘어야 할 산이 많았다. 위기 앞에서는 누구나 부족해 보이고 어떤 조직도 완벽할 수 없다는 사실을 국민은 체감하고 있었다. 의료진들은 잠 한숨 자지 못하고 방호복 속 땀에 젖은 채 환자들을 돌보았다. 그들의 노력이 이 나라를 버티게 하는 기둥처럼 느껴졌다.

역사를 돌아보면, 나라가 위기 앞에 제 역할을 다하지 못할 때 백성들이 깊은 고통을 겪어야 했다. 여러 시대가 증언한 바다. 그 속에서도 언제나 가장 먼저 일어서는 사람들은 평범한 민초들이었다. 이번에도 마찬가지였다. 누구 하나 크게 내세우지 않아도 우리는 서로를 통해 버티고 있었다.

그 긴 겨울도 지나갔다. 모두가 불안 속에서 견뎌낸 나날이었다. 언젠가 이 시기를 정리한 '백서'가 또 나올 것이다. 행정의 대응, 방역 체계, 의료 현장의 기록, 그리고 우리가 어떻게 이 시간을 통과했는지에 대한 증언이 담길 것이다. 그 책 뒷부분에 이 한 문장이 꼭 실리면 좋겠다.

"약은 약사에게, 치료는 의사에게."

단순하지만, 가장 간단한 진실. 그것이야말로 우리가 겪은 '마스크의 겨울'을 다시는 되풀이하지 않게 하는 가장 기본적인 이정표가 될 것이다.

김창수 수필집

남은 날들의 갈무리

인쇄 2025년 12월 30일
발행 2026년 1월 5일

지은이 김창수
발행인 서정환
펴낸곳 수필과비평사
주소 서울시 종로구 삼일대로 32길 36(익선동 30-6 운현신화타워) 305호
전화 (02) 3675-3885 (063) 275-4000
팩스 (063) 274-3131
이메일 essay321@hanmail.net
출판등록 제300-2013-133호
인쇄·제본 신아출판사

ISBN 979-11-5933-620-1 03810
값 15,000원

Printed in KOREA